안 동
문 화
100선

●❷❺

김남기 金南基

서울대학교 국어국문학과에서 「김창흡의 시문학 연구」로 박사학위를 받았다. 서울대학교 규장각 특별연구원, 책임연구원을 거쳐 현재 안동대학교 한자문화콘텐츠학과(한문학과) 교수로 재직 중이고, 대동한문학회 회장을 맡고 있다. 최근 논문으로 「권호문의 청량산 유람 시문 연구」, 「약남 이헌락의 생애와 문학세계」 등이 있다. 그리고 『소현동궁일기』, 『소현심양일기』, 『열성어제』 등의 번역에 참여했다.

류종승 柳鍾承

1995년 광고사진 전문 스튜디오에서 시작하였다. 안동청년유도회 회원으로 활동하면서 안동의 역사와 전통문화에 본격적인 관심을 가지게 되었다. 안동문화100선 시리즈의 사진 작업을 비롯하여 지역 관련 사진 작업에 다수 참여하고 있다.

청량산

김남기 글
류종승 사진

민속원

청 량 산

차례

01

청량산
지명의 유래

청량산

청량산淸凉山은 경상북도 봉화군 명호면 · 재산면과 안동시 도산면 · 예안면에 자리 잡은 명산으로 수려한 자연경관과 함께 유서 깊은 문화유적이 깃든 공간이다. 자연경관이 수려하여 예로부터 소금강小金剛이라 불리기도 하였는데, 장인봉丈人峯 등 12봉우리가 우뚝하고 태백산 황지黃池에서 발원한 낙동강이 청량산 자락을 휘감아 흐른다. 산중에 여러 사찰과 암자 등의 불교 유적, 최치원 · 김생 등과 관련한 유적, 공민왕이 홍건적의 침입 때 안동으로 피난을 와서 쌓았다는 산성 등의 유적, 주세붕 · 이황 등과 관련한 유교 유적, 민간 신앙과 설화 등 다양한 역사와 문화유산이 남아 있는 곳이다.

청량산은 고대 이래로 불교의 요람을 형성하였고 조선 시대에는 유학의 성지가 되어 불교와 유교 문화가 공존하여 찬란한 꽃을 피웠다. 그리고 고려말 공민왕이 홍건적의 난을 피해 안동 몽진 시 머물며 축조하였다는 산성과 마을 주민들이 공민왕을 추모하기 위해 만든 사당이 남아 있는 등 민간 신앙이 성행하였다. 아울러 원효 · 의상 · 김생 · 최치원 · 주세붕 · 이황 등 역사적 인물과 관련된 장소와 설화들이 많이 남아 있는 등 불교의 도량으로, 선비들의 유교적 순례지로 자리매김하였다. 이처럼 다양한 가치가 있는 공간이기에 1982년에 경상북도 도립공원으로 지정하였다. 그래서 과거부터 현재까지 많은 이들이 이곳을 찾아 아름다운 경관을 감상하는 한편 역사 유적의 의미를 되새기는 우리 민족의 명소가 되었다.

그렇다면 우리에게 익숙한 청량산은 본래부터 청량산이라는 이름으로 불렀을까? 아니면 다른 이름으로 부르다가 청량산으로 부르게 된 것인가? 결론부터 말하면 청량산은 수산水山과 문화산文華山이라는 이름으로 부르다가 조선 시대에 이르러 청량산이라는 이름으로 정착되었다. 고려 시대에 청량산을 수산水山과 문화산文華山으로 불렀다는 기록이 『동문선東文選』에 실려 있다. 고려 시대 승려인 정명국사靜明國師 천인天因(1205~1248)이 〈치원암 주지가 시를 보이고 나에게 산중의 고사를 적어달라고 청하기에 차운하여 화답하다[致遠庵主以詩見示 仍以請予紀山中故事 次韻答之]〉(『동문선』 권6)라는 시를 지었는데, 시에서 "동남쪽 장관 중에 수산이 있어서, 옛날부터 성현들이 자취를 남겼네. 내가 이 산에 와서 절의 노인을 찾아, 여러 밤을 얘기해도 충분치 않았네. 인하여 말하기를 '산이 태백산에서 흘러와, 문화산 형세가 천하에서 최고'라고 하였네.[東南壯觀有水山, 自古聖賢留軌躅. 我來此山訪其老, 晤語數宵猶未足. 因言山來自大白, 文華之勢天下獨.]"라고 하였다. 치원암致遠庵은 최치원崔致遠이 머물던 곳으로 청량산 금탑봉金塔峯 아래 총명수聰明水 옆에 있는 암자이다. 이 시를 통하여 적어도 13세기 전반에 이미 청량산을 수산과 문화산으로 불렀음을 알 수 있다. 다른 관련 기록의 일부를 살펴보면 다음과 같다.

『청량지淸凉志』 〈산중고적山中古蹟 고종古鍾〉 조항에서 "(청나라) 고종高宗 건륭乾隆 갑신년(1764년, 영조 40) 연간에 절의 승려가 총명수 가의 암석 속에서 작은 종을 얻었다. 종의 옆면에 '수산 치원암水山致遠庵'이라는 다섯 글자가 새겨져 있었는데, 제작 솜씨가 매우 정밀하고 오묘하며 종소리가 또 맑고 멀리까지 갔으나 어느 시대에 만든 종인지 알 수 없다."라고 하였고, 『오가산지吾家山誌』 〈산천대암집해제일山川臺庵集解第一 청량산〉 조항에서 『안동읍지』를 인용하여 "(청량산은) 재산현才山縣 남쪽에 있다. 옛 이름은 수산이었는데, 그 가운데 청량암이 가장 승경勝景이므로 인하여 온 산을 청량산으로 총칭하였다. 시승詩僧 천인天因이 치원암 주지에게 준 시에서도 수산이라 칭하였다."라고 하였다.

문화산은 일반적으로 널리 알려지지 않았으나 옛날에 청량산의 다른 이름으로 불린 여러 기록이 남아 있다. 고려 시대 안축安軸(1282~1348)의 〈안렴사 백문보에게 올리는 노래 8수[白文寶按部上謠八首]〉(『근재집謹齋集』 권2) 중에서 제2수 〈영가 문화산永嘉文華山〉 시에서 "신라 시대 김생의 필법이 새로운데, 글씨 배우던 산중 서실이 벌써 천년이네. 벼루에 남은 먹물이 지금도 남아 있으니, 어진 안렴사가 김생의 후신인지 누가 알랴?[羅代金生筆法新, 學書山室已千春. 硯池餘滴今猶在, 誰識賢侯是後身?]"라고 하였고, 이황이 1568년에 조목趙穆에게 보낸 〈조사경에게 주다[與趙士敬]〉(『퇴계집』 속집 권5)라는 편지에서 "'문화' 두

글자는 그 이름이 매우 좋으나 다만 지리지에 이 명칭이 없고 세속에 전해오는 것일 뿐이며, 이것으로 일컫게 되면 사람들이 청량산임을 알지 못하고 별도의 다른 산이 있는 것으로 여기니, 본래의 이름으로 일컫는 것이 온당하다. [文華二字, 其名甚好, 但地誌無此稱, 只因土俗所傳, 而如此稱之, 人不知爲淸凉, 而認爲別有他山, 不如稱本號爲穩.]"라고 하였고, 권호문權好文이 1570년에 지은 <청량산유람록[遊淸凉山錄]>(『송암집松巖集』 권5)에서도 "겸중謙仲(오수영)이 '내일 어디에 가려는가?'라고 말하여 '문화文華로 가려 하네'라고 하였다. [謙仲曰, 明將何之? 曰向文華也.]"라고 하였고, 구봉령具鳳齡이 지은 <권장중이 청량산에서 보내온 시에 차운하다[次權章仲在淸凉山寄韻]>(『백담집栢潭集』 권4)라는 시에서도 "하늘 밖에 문화산이 옥색으로 떠 있고, 시선이 홀로 서서 세상 번뇌 씻었네[天外文華浮玉色, 騷仙獨立盪塵情.]"라고 하였다. '장중章仲'은 권호문의 자字이고, '소선騷仙'은 권호문을 가리킨다.

청량산

위에서 살펴보았듯이 청량산은 고려 후기부터 조선 전기까지 수산이나 문화산으로 불렀음을 알 수 있다. 그렇다면 언제부터 청량산이라는 이름으로 부르게 되었을까? 이에 대한 정확한 시기를 파악하기 어렵다. 문헌 기록으로 볼 때 김수온金守溫(1410~1481)의 <은 상인을 마주하여 청량산을 떠올리다[對隱上人憶淸涼山]>와 <준법 주지의 제자 균 수좌가 청량산으로 돌아가는 것을 전송하다[送准法主弟子均首座歸淸涼山]>(『식우집拭疣集』 권4)가 가장 빠른 것으로 보인다. 이 외에도 김시습金時習(1435~1493)과 유호인兪好仁(1445~1494)의 문집에 '청량산'이라는 한시 제목이나 시구詩句가 보인다. 이를 통해 볼 때 적어도 15세기부터는 수산 · 문화산과 함께 청량산이라는 이름이 혼용되었음을 알 수 있다. 특히 16세기에 들어서서 주세붕 · 이우 · 이황 등을 포함하여 이황의 문인들이 청량산을 유람하며 지은 시문에서 청량산이라는 명칭을 빈번하게 쓴 기록을 통해 볼 때 16세기 이후에는 일반적으로 청량산으로 불렀던 것으로 보인

다. 이는 이황이 조목에게 보낸 편지에서 산 이름의 혼란을 막기 위해 청량산으로 부르는 것이 좋겠다고 언급한 이후 일반적으로 청량산이란 이름으로 통일하여 부르게 되었다고 볼 수 있다. 청량산이라는 명칭은 청량산에 있는 청량암이라는 암자 이름에서 비롯된 것으로 보인다. 청량암은 신라 시대에 원효元曉가 창건한 상청량암上淸凉庵·하청량암下淸凉庵으로, 현재 경상북도 봉화군 명호면 청량산 남동쪽에 있는 청량사를 말한다.

02

청량산의 명산대천

청량산

청량산에는 해발 고도 800m 내외의 12개 봉우리가 있다. 외산의 최고봉인 870m의 장인봉丈人峯과 내산의 최고봉인 872m의 자소봉紫霄峯을 포함하여 선학봉仙鶴峯·자란봉紫鸞峯·탁필봉卓筆峯·연적봉硯滴峯·연화봉蓮花峯·향로봉香爐峯·경일봉擎日峯·탁립봉卓立峯·금탑봉金塔峯·축융봉祝融峯 등의 12봉峯, 독서대讀書臺·어풍대御風臺·밀성대密城臺·풍혈대風穴臺·학소대鶴巢臺·금강대金剛臺·원효대元曉臺·반야대般若臺·만월대滿月臺·자비대慈悲臺·청풍대淸風臺·송풍대松風臺 등의 12대臺, 김생굴金生窟·금강굴金剛窟·원효굴元曉窟·의상굴義湘窟·반야굴般若窟·방장굴方丈窟·고원굴孤雲窟·감생굴邯生窟 등의 8굴窟, 총명수聰明水·청량약수淸凉藥水·감로수甘露水·김생폭金生瀑 등 네 곳의 물이 자리하여 아름다운 자연경관을 자랑한다.

『청량지淸凉志』 '산천山川' 항목에서 청량산에 대해 다음과 같이 적고 있다.

> 안동부 재산현才山縣에 있는데, 산줄기가 일월산日月山 서쪽 줄기에서 나와 서북쪽으로 60~70리를 구불구불 흘러내려 예안 동북쪽 경계에 이르러 천백 길로 우뚝 솟아있다. 전체가 돌산으로 기이하고 높으며 중간에 골짜기가 열려 깊고 그윽하다. 앞에 큰 시내가 있는데 태백산 황지黃池에서 발원하여 남쪽으로 구불구불 수백 리를 흘러 산 앞을 빙 둘러 지나간다. 신재 주세붕이 <유청량산록>에서 이른바 "산이 물에 힘입어 더욱더 깊다."라고 한 것이 여기이다. 산의 둘레는 30~40리에 지나지 않으나 우뚝하고 뛰어나게 여러 산 위로 높이 솟아있어서 수백 리 밖에서도 모두 바라볼 수 있고, 아스라이 하늘의 구름 위로 반쯤 들어간 듯 봉우리가 빽빽이 서서 각각 자태가 있는데 크고 이름이 있는 봉우리가 대개 12개이다.

청량산에는 여러 봉우리·대臺·굴窟·암巖·천川·폭포 등 수려한 경관이 여러 곳 있다. 『청량지』 등을 참조하여 주요 지명의 위치와 연혁·경관 등을 간략히 살펴본다. 먼저 봉우리는 다음과 같다. 금탑봉은 치원봉致遠峯이라 부르기도 하는데, 연대蓮臺 동남쪽에 있다. 주름진 암벽이 3층을 이루어 바라보면 마치 수미탑須彌塔 같다. 2층에 치원암 · 극일암 · 안중암 · 상청량사 · 하청량사가 있다. 경일봉은 연대 동쪽에 있다. 석봉이 우뚝 솟아올라 하늘을 찌를 듯한데, 춘분과 추분에 해가 바로 봉우리 정상으로 솟아올라 주세붕이 '떠오르는 해를 손님처럼 공경이 맞이한다.'라는 빈욱賓旭의 뜻을 취하여 경일봉이라고 이름을 지었다. 탁립봉은 연대 동북쪽에 있다. 뾰족한 봉우리가 하나의 바위로 홀로 돌출하여 모양이 붓끝과 같다. 옛날 이름이 필봉筆峯인데, 주세붕이 '탁卓' 자를 덧붙여 여산廬山의 탁필봉에 견주었다. 연적봉은 탁필봉 옆에 있다. 석봉이 우뚝 솟아 높이가 백 척이나 된다. 사면이 깎아지른 듯 서 있으나 꼭대기가 조금 평평하고 모양이 연적과 같다. 정상에 오르면 동남쪽 천여 리의 산하를 조망할 수 있다. 자소봉은 연대 뒤쪽에 있으며 진실로 내산內山의 종주宗主가 된다. 꼭대기에 푸른 바위가 천 길이나 허공 밖으로 솟아있다. 봉우리가 9층으로 되어 있는데, 백운암白雲庵 · 만월암滿月庵 · 원효암元曉庵 · 몽상암夢想庵 등 11개의 암자가 여러 층위에 늘어서 있다. 옛날 이름이 보살봉菩薩峯이었는데, 주세붕이 자소봉으로 이름을 고쳤다. 연화봉은 연대의 오른쪽에 있다. 암벽이 9층을 이루며 높이가 천백 길이다. 모양이 막 피어나는 연꽃과 같다. 옛날 이름이 의상봉이었는데, 주세붕이 연화봉으로 고쳤다. 향로봉은 연화봉 앞에 있다. 석봉의 모양이 향로와 비슷하다. 주세붕이 향로의 모양에 따라 향로봉이라 이름하였다. 선학봉은 연대 북동쪽에 있다. 돌산이 옆에서 보면 봉우리를 이루며 높이가 천백 길이다. 옛날에 절벽 사이에 학의 둥지가 있어서 주세붕이 선학봉으로 이름을 지었다. 자란봉은 선학봉 서쪽에 있다. 천 길 석봉이 깎아지른 듯 서 있는데, 역시 주세붕이 이름을 지었다. 장인봉은 연대의 서쪽에 있고 외산外山이다. 두 개의 석봉이 나란히 높이 솟아있다. 기세가 웅장하고 여러 봉우리 중에 가장 높고 크다. 옛날에는 대봉大峯이라 불렀는데, 주세붕이 장인봉으로 이름을 지은 것은 태산泰山의 장악丈岳에 견주었기 때문이다. 바깥에 있는 봉우리를 외장인이라 하고 안쪽에 있는 봉우리를 내장인이라 한다. 축융봉은 연대 남쪽에 있다. 3개의 큰 돌이 우뚝 솟아 봉우리를 이룬다. 내산에 공손히 인사를 하는 듯하며 여러 산 위로 높이 솟아있다. 여기에 올라 빙 둘러보면 내산의 여러 암자가 모두 눈 아래에 있다. 주세붕이 형산衡山을 본떠서 축융봉이라 이름을 지었다. 옥소봉은 만월대滿月臺 앞에 있다. 작은 석봉이 기이하고 빼어나다. 예로부터 옥소봉이라 불렀다. 이 봉우리는 주세붕이 명명한 열두 봉우리에 들어가지 않는다. 원효봉은 장인봉 아래에 있으며 작은 석봉이 우뚝 솟아있다. 옛날 이름이 원효봉이었는데, 승려의 말에 따르면 원효 선사께서 노닐던 곳이라고 한다. 주세붕이 명명한 봉우리에 들어가지 않는다.

청량산

주요 대臺는 다음과 같다. 어풍대는 금탑봉 중층에 있다. 천 길 절벽을 굽어보는데, 위로 백 길의 철벽이 둘러쳐져 있다. 만월대는 자소봉 아래 망월암 오른쪽에 있다. 석층이 대를 이루어 만 길 층벽을 굽어본다. 대 아래에 작은 굴이 있는데, 맑은 샘물이 흘러나온다. 고운대는 금탑봉 아래 층계 위에 있다. 앞에 대가 있는데, 지세가 끊겨 있어 온갖 골짜기를 굽어보면 최고로 구경할 만하다. 최치원이 당나라에서 신라로 돌아온 뒤 정치의 혼란을 보고서 세상일에 뜻을 접고 우리나라의 산천을 두루 유람하였는데, 일찍이 자서自叙에서 "세상의 현달한 관직은 눈을 뜨고 볼만한 곳이 없고, 물외의 청산과 녹수는 꿈에서도 돌아갈 때가 있다.[人間之要路通津, 眼無開處, 物外之靑山綠水, 夢有歸時.]"라고 하였으며 이 산에 와서 머물러 쉬었다고 한다. 자서는 『계원필경집桂苑筆耕集』 권17 〈태위에게 재차 올린 계문[再獻啓]〉에 나오는 내용이다. 반야대는 고운대 옆에 있는데, 경치가 뛰어난 것이 치원대와 같다.

주요 굴窟은 다음과 같다. 금강굴은 장인봉 아래에 있다. 중층에 큰 굴이 있는데, 여러 칸의 집을 지을 만하다. 아래로 낙천洛川을 굽어본다. 김생굴은 경일봉 아래에 있다. 천 길 절벽에 암굴이 입을 벌리고 있는데, 몇 칸의 집을 지을 만하며 굴 위에는 떨어지는 폭포가 발을 드리운 듯하다. 옛날에 작은 암자가 있었는데, 김생金生이 일찍이 이곳에서 은거하였다고 한다. 김생은 신라 사람으로 재산 땅에서 태어나 이 산에 들어와 글씨를 익혀 천하에 필명筆名을 떨쳤다. 풍혈風穴은 고운대 뒤쪽에 있다. 큰 바위가 포개져 있고 중간에 입을 벌리고 있는 구멍이 있는데, 맑은 바람이 항상 불어 나온다. 굴 입구에 옛날에 두 개의 판板이 있었는데, 전설에 따르면 최치원이 앉아서 바둑을 두던 판으로, 굴속에 있어 비를 피할 수 있었으므로 천년 동안 바둑판이 썩지 않았다고 한다.

주요 샘과 폭포는 다음과 같다. 총명수는 고운대 앞에 있다. 암벽 사이에 맑은 샘이 솟아서 돌 위에 가득 고여 있다. 물빛이 맑고 맛이 매우 달고 차다.

어룡대

세상에는 최치원이 이 물을 마시고 더욱 총명해졌으므로 그렇게 전한다고 한다. 산북폭포山北瀑布는 장인봉 북쪽에 있다. 암벽이 깎아지른 듯 서 있고, 중간에 4~5길의 폭포가 있다. 문수석천文殊石泉은 문수암 앞에 있다. 샘이 돌구멍으로부터 솟아 나와 물맛이 매우 달고 시원하다. 아래로 흘러 서쪽 시내와 합류하는데, 물이 쏟아져서 작은 폭포를 형성한다.

청량산의 주요 봉우리 이름이 시대에 따라 바뀌기도 하였는데, 청량산의 주요 봉우리를 열두 봉우리로 개념화한 것은 주세붕이었다. 청량산의 열두 봉우리의 이름은 주세붕이 예전에 있던 지명을 일부 고치거나 새로 짓기도 하였는데, 주세붕은 이러한 상황을 <유청량산록>에서 다음과 같이 적었다.

> 나는 열 살 때 이미 안동에 청량산이 있다는 소문을 듣고 한 번 올라가려 했으나 그렇게 하지 못한 것이 37년이 되었다. 풍기 군수로 부임하여 마음에 새겨 두고 가서 보려 하였으나 동서로 다니며 멀리서 겉모습만 바라보았을 뿐 매번 목만 수고롭게 하였고, 번번이 번잡한 사무에 얽매여 바로 산 밑에 가서 자고도 수레를 돌리는 지경에 이르렀고, 마음을 졸이면서 기갈이 들린 듯이 슬퍼한 지 또 4년이나 되었다. 지금 쉰 살이 넘어 창백한 얼굴에 흰머리를 하고서 비로소 지팡이에 의지하여 연적봉 정상에 올랐으니 그나마 다행이다. 청량산 내외의 여러 봉우리는 옛날에 이름이 없었는데, 승려가 전하는 말에 내산의 봉우리로 보살봉 · 의상봉 · 금탑봉 · 연적봉이 있고, 외산의 봉우리는 대봉이 유일하다. 금탑봉 같은 경우 간혹 치원봉으로 부르는 것은 치원대 아래에 있기 때문이다. 의상봉 또한 의상굴이 그 아래에 있어 이렇게 명명하였으니 그 비루함이 이와 같다. (중략)
>
> 마침내 외봉에서 가장 높은 것을 장인봉이라 하였는데, 곧 크다는 글자의 뜻을 부연하고 멀리 태산의 장악을 본떴다. 그 서쪽은 선학, 동쪽은 자란이라 하였는데 외산은 세 개의 봉우리로 모두 직접 가서 볼 겨를이 없어 멀찍이서 이름을 지었다. 내봉의 으뜸이 되는 것은 자소라고 이름을 지었는데 천 척이

나 되는 푸른 바위가 허공 밖으로 솟아있고, 동쪽 봉우리의 이름을 경일이라 하였는데 아침에 뜨는 해를 손님 맞이하듯 한다는 뜻을 취하였으며, 남쪽 봉우리는 축융이라 이름을 지었는데 형산에서 본떴다. 자소에서 서쪽으로 50보를 채 못 가서 갑자기 서 있는 것은 연적이라 이름을 지었으며, 연적의 서쪽으로 봉우리가 연꽃 모양으로 솟아 나온 것은 연화라 이름을 지었으니, 곧 연대사의 서쪽 봉우리로 승가에서 이른바 의상봉이라 하는 것이다. 연화의 앞에는 봉우리의 빼어남이 향로와 비슷한 것이 있어 향로라고 이름을 지었다. 금탑봉은 경일의 아래에 있고, 탁립봉은 경일의 바깥에 있으니, 내봉과 외봉을 합하여 모두 열두 개인데, 옛 이름을 따른 것이 둘이고, 옛 이름을 고친 것이 셋이며, 이름이 없어 새로 지은 것이 여섯이다. 그 가운데 하나는 옛 이름을 따르되 한 글자만 더한 것으로 바로 탁필봉이다. 역시 여산廬山의 탁필을 본뜬 것인지라 참담하고 외람되나 피치 못할 사정이 있었다.

청량산의 주요 봉우리는 시대에 따라 변천이 있었다. 주세붕이 청량산의 열두 봉우리를 명명한 이후 1608년에 편찬한 『영가지』, 이세택이 1771년에 편찬한 『청량지』를 이이순이 1817년에 중수한 『청량지』, 1901년에 이만여 등이 편찬한 『오가산지』, 김홍기가 1963년에 편찬한 『청량지』에 지명의 변화가 보이는데, 주요 봉우리를 중심으로 하여 현재의 시점에서 연혁과 위치 등을 간략하게 살펴보면 다음과 같다.

먼저 외산의 주봉인 장인봉은 청량사 유리보전 서쪽에 자리하고 있으며 청량산 외산에서 가장 높은 봉우리이다. 원래 이름은 대봉이었는데, 주세붕이 중국 태산 장악에 비유하여 지은 이름이다. 자소봉은 유리보전 동북쪽에 있는 봉우리이다. 본래 이름은 보살봉이었는데 주세붕이 자소봉으로 고쳤다. 청량산 불교 유적의 중심지로 11개의 암자가 있었다고 전해진다. 경일봉은 유리보전 동쪽에 있는 봉우리이다. 주세붕이 '아침에 뜨는 해를 경건한 예의로 손님을 맞이하듯 한다[寅賓旭日]'라는 뜻을 빌려 봉우리 이름을 지었다. 경일봉 아래에 김

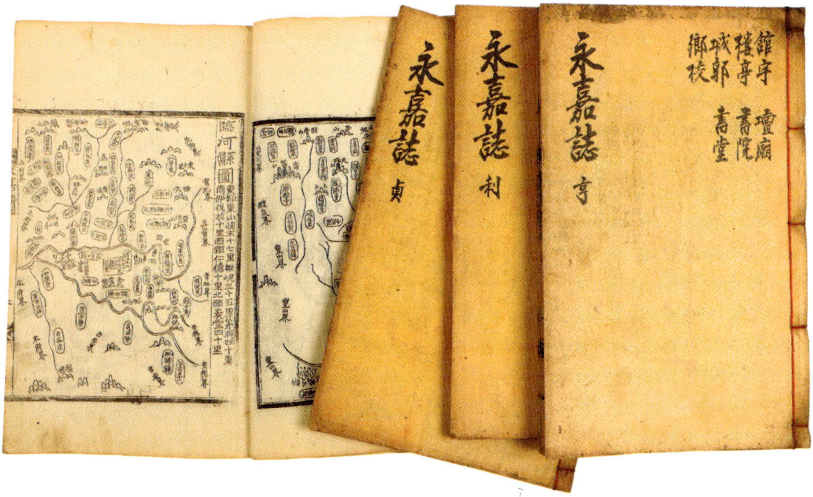

『영가지』

생이 글씨 공부를 했다는 김생굴과 이황이 공부했다는 청량정사가 있다. 그리고 김생암 · 상대승암 · 하대승암이 있었다고 하며 현재 그 터가 남아 있다.

축융봉은 내산의 최남단 산성 마을 서쪽에 있으며 청량산에서 세 번째 높은 봉우리로 유리보전에서 보면 남쪽에 있다. 축융은 남방의 불을 담당하는 화신火神을 뜻하며, 주세붕이 중국 남악의 이름을 본떠서 지은 것이다. 정상에 바라보면 청량사와 응진전, 청량산의 전경을 감상할 수 있다. 금탑봉은 유리보전 동남쪽에 있으며 경일봉 아래에 있다. 예전에는 치원봉으로 불렸다. 봉우리 아래에 치원암 · 극일암 · 안중암 · 상청량암 · 하청량암 등 5개의 암자가 있었다고 하나 현재는 응진전만 남아 있다. 금탑봉 아래의 어풍대 · 요초대 · 총명수 · 풍혈대 등 볼거리가 많다.

주세붕과 이황이 청량산을 유람하며 시문을 지은 이후에 많은 문인이 청량산을 방문하여 수많은 시문을 지어 청량산 산천의 아름다움과 감회를 적었다. 이하에서는 청량산 산천의 아름다움과 감회를 적을 한시를 살펴보고자 한다.

다음은 이우李堣(1469~1517)가 지은 〈청량산에 독서 하러 가는 조효연 · 오언의 두 사위와 조카 이해를 보내며[送曺吳兩郞與瀣輩 讀書淸涼山]〉(『송재집松齋集』 권2)라는 6수의 한시 중에서 원효봉 · 치원봉 · 의상봉을 읊은 2수 〈삼대봉三大峰〉과 6수 〈송대풍혈松臺風穴〉이다.

원효봉은 서쪽에, 치원봉은 동쪽에 있어　　元曉橫西致遠東
홀로 와 북에 버틴 의상봉과 함께 하네　　獨來撑北義湘同
세 발 솥처럼 늘어선 그 속에 골이 열리고　　森然鼎處中開洞
푸른 벽 붉은 벼랑 위로 사방이 허공이네　　靑壁丹崖面面空

남쪽에 입 벌린 텅 빈 굴이 어둑하게 열리고　　嵌竇南呀黯黮開
솔 그늘이 빙 둘러 평평한 대를 덮고 있네　　松陰區匝曩平臺
안개에 바람 불어 맑은 날에 우레처럼 울리니　　煙吹籟合晴雷吼
더위를 무릅 쓰고 놀러 오게 하네　　觸熱宜教襬襶來

이우가 사위 조효연曺孝淵(1486~1530)과 오언의吳彦毅(1494~1566), 조카 이해가 청량산으로 공부하러 갈 때 준 시이다. 2수는 청량산의 원효봉 · 치원봉 · 의상봉의 위치와 장관을 묘사하였다. 서쪽의 원효봉, 동쪽의 치원봉, 북쪽의 의상봉이 세 발 솥처럼 우뚝 솟은 가운데로 골짜기가 펼쳐지고, 골짜기의 푸른 절벽과 붉은 벼랑 위로 허공이 자리한 모습을 표현하였다. 6수는 송풍대 풍혈의 아름다운 경치와 무더운 여름에 유람객이 많이 찾아옴을 말하였다. 남쪽의 고운대를 향하여 풍혈의 검은 동굴이 자리한 채 시원한 바람이 밖으로 흘러나와 무더운 여름에도 서늘한 기운이 서려 유람객들이 이곳을 즐겨 찾는다고 하였다.

다음은 주세붕이 1544년 4월에 청량산을 유람할 때 지은 〈탁립봉卓立峯〉(『무릉잡고武陵雜稿』 권3)이다.

청량산

천 길의 석봉이 허공에 우뚝하니　　石峯千仞聳虛空
당당한 탁립봉은 바른 선비와 같네　　卓立堂堂正士同
경상도 산 중에서 견줄 곳이 없는데　　衆岳辰韓無此比
의연하여 일찍이 그림에서 본 듯하네　　依然曾見畫圖中

주세붕은 1544년 4월 9일에 풍기를 떠나 청량산의 주요 명소를 유람한 뒤 〈유청량산록遊淸凉山錄〉을 지었다. 4월 11일에 청량산으로 들어가 탁립봉을 멀리서 바라본 뒤 저물녘에 연대사에 갔다. 천 길의 탁립봉이 우뚝 솟은 모습을 '바른 선비'와 같다고 하였는데, 〈유청량산록〉에서 "기이한 바위가 빼어나게 솟아있고 절벽이 천 길 높이로 서 있는데, 은은히 안개 속을 보니 멀리 백이伯夷와 숙제叔齊가 은殷나라 말기에 서 있는 것 같았다."라고 하였다. 경상도의 산 중에서 청량산과 견줄 만한 산이 없고 일찍이 그림에서 본 듯 청량산이 장관이라고 감탄하였다.

다음은 주세붕이 1544년 4월 16일에 자소봉에 올라 지은 〈청량산 정상에 올라[登淸凉頂]〉(『무릉잡고武陵雜稿』 권1)이다.

이 몸이 청량산 정상에 올라　　我登淸凉頂
두 손으로 하늘을 떠받쳐 보네　　兩手擎靑天
태양이 머리 위에 바로 비치고　　白日正臨頭
은하수가 귓가로 흘러가네　　銀漢流耳邊
넓고 넓은 바다를 굽어보니　　俯視大瀛海
회포가 어찌 끝없이 이어지나?　　有懷何綿綿
다시금 생각건대 황학을 타고　　更思駕黃鶴
삼신산을 향해 유람하고 싶네　　遊向三山峯

주세붕은 1544년 4월 16일에 백운암에 들렀다가 자소봉과 연적봉에 오른

뒤에 문수암과 김생굴 등지를 방문하였다. 드높은 봉우리에 오르자 하늘의 태양이 바로 머리 위에 있고 넓은 동해가 발아래로 펼쳐져 끝없는 회포가 이어진다. 청량산 절정에 오르니 신선들이 사는 삼신산을 유람하며 속세를 떠나고 싶은 간절한 마음이 떠오른다.

다음은 이황이 1555년 11월에 청량산에 가서 지은 〈동짓달에 청량산에 들어가다[十一月入淸凉山]〉(『퇴계집退溪集』 권2)이다.

벼슬 쉬고 마을에 거처하며	休官處里閭
요양하는 일도 쉽지 않네	養疾頗相梗
신선 산이 먼 곳에 있지 않아	仙山不在遠
목을 빼고 잊지 못했네	引脰勞耿耿
고산재사에서 하룻밤 묵고	夜宿孤山庵
새벽에 두 고개를 넘었네	晨去越二嶺
쌓인 눈과 얼음을 내려다보고	俯看積層冰
겹쳐진 산봉우리 올려다봤네	仰視攢疊穎
급한 여울 나무 타고 건널 때는	跨木度奔川
두려워 떨면서 많이 조심했네	凌兢多所警
깊은 숲엔 오래된 눈이 쌓였고	深林太古雪
밝은 해는 가는 햇살도 없었네	白日無纖影
비탈길 벼랑처럼 미끄러웠고	側徑滑以阽
그 밑은 파놓은 함정 같았네	其下如坑穽
가고 가서 힘이 이미 다해도	行行力已竭
오르고 오르려는 마음 더 굳네	上上心愈猛
산승이 웃으며 위로하고는	山僧笑且勞
고요한 서쪽 방에 맞아들였네	延我西寮靜
팔구일 정신을 안정시키며	安神八九日

청량산

문 닫고 웅크린 채 앉아있었네	閉戶藏頭頸
눈보라가 거셈도 보지 못했으니	不見籐六怒
비바람이 들이친들 어찌 알랴?	焉知屛翳逞
오늘 아침 고운 햇살이 좋아서	今朝愛日姸
막대 짚고 바윗길을 멀리 걸었네	策杖巖路永
저기 저 하늘 찌른 고개 오르면	陟彼挿天嶺
온 세상 두 눈앞에 가득하리라	宇宙雙眼騁
쇠한 근력이라 높은 곳이 두려우니	衰筋畏峻極
이 소원 갑자기 못 이루리라	此願未遽幸
더위잡고 조금만 올라보아도	躋攀猶少試
돌아보면 구름이 천 이랑일세	顧眄雲千頃
묘한 뜻을 말하기 어렵지만	妙意祗難言
좋은 곳을 매번 홀로 알았네	佳處每獨領

한 해가 뉘엿뉘엿 끝나려는데　　歲律行欲窮
외진 곳에 은거함을 한탄하지 않네　　不恨身幽屛
그립게도 평생의 친구가　　懷哉平生友
내 마음을 시름겹게 하네　　使我心怲怲
귀한 승낙을 지키지 못하여　　珍諾未成踐
먼 길 오길 청하기도 어렵네　　遐踪又難請
어찌하면 이곳에 함께 와서　　安得此同來
노력하여 절경에 나아갈까?　　努力造絶境

이황은 1555년 2월에 병으로 사직하고 고향으로 돌아온 뒤 6월에 농암 이현보를 곡하였고, 11월에 청량산에 들어가서 한 달 넘게 머물다가 집으로 돌아왔다. 벼슬을 그만두고 요양하며 늘 청량산에 가고 싶은 마음이 있었으나 쉽게 실행하지 못하였다. 그러다가 11월에 온계 동북쪽에 있는 고산재사孤山

청량산

齋舍에서 새벽에 출발하여 놀티[霞嶺]와 불티[火嶺]를 넘어 청량산으로 들어갔다. 험한 여정을 거쳐 산사에 들어가 마음을 안정시키던 중에 오늘 아침에 햇살이 비쳐 산책하며 주변의 명승을 감상하지만 한 해가 저물어가는 때에 벗과 청량산의 절경을 즐기지 못하는 아쉬움을 토로하였다.

다음은 조목趙穆이 1580년대 초반에 청량산 축융봉에 올라 지은 <축융봉 정상에 오르다[登祝融絶頂]>(『월천집月川集』 권1)이다. 제목 아래에 "세 바위가 하늘가에 우뚝 서 있고 청량산의 여러 사찰을 돌아보니 모두 눈 아래에 있었다. [三石屹立天表, 回視淸凉諸刹, 皆在眼下.]"라는 주가 있다.

창가에서 마주한 지 몇 해가 흘렀나?	相對軒窻歲幾周
늙어서 올라 보니 속세 근심 씻겨지네	白頭來躡盪塵愁
정신은 우주의 홍몽 밖에서 노닐고	神遊六合鴻濛外
마음은 삼한이 할거하던 때를 작게 여기네	志隘三韓割據秋

천 리의 구름안개 눈 아래로 돌아오고	千里煙雲歸眼底
백년인생 이 몸이 마음 휴식 얻었네	百年身世得心休
분분하게 학을 타고 난새 타는 이들도	紛紛駕鶴驂鸞子
모두 우리 발아래의 무리이네	皆是吾曹脚下儔

조목은 일찍이 1544년 4월에 청량산을 유람하던 주세붕을 찾아가서 보현사에서 뵌 적이 있었다. 이미 41년이 지난 지금 백발로 이곳을 다시 찾아오니 온갖 근심이 사라진다. 장엄한 축융봉에 오르니 세상의 모든 일이 보잘것없고 신선을 추구하는 이들도 발아래에 있다고 하여 호연지기를 마음껏 자부하는 심정을 표현하였다.

다음은 권호문이 1570년 12월 2일 금탑봉에 올라 지은 <상청량암에 이르러 금탑봉에서 시를 짓다[到上淸涼 題金塔峯]>(『송암집松巖集』 별집 권2)이다.

우뚝 솟은 삼층의 금탑봉이 창공에 닿아서	磨蒼金塔矗三層
구름사다리로 구만리 하늘에 오르는 듯하네	宛是雲梯九萬昇
우임금이 하수의 물줄기를 소통한 듯하고	帝禹應通河水注
여와씨가 무너진 하늘을 받친 듯하네	女媧要柱杞天崩
중들도 높은 곳에 살기가 마땅치 않은데	不宜釋子容高處
유선이 홀로 노닐던 것이 가장 기억나네	最憶儒仙爽獨憑
어찌하면 두 겨드랑이에 날개가 돋아서	兩腋何緣生逸翰
왕교와 갈홍을 불러 이 산에서 늙을까?	喚同喬葛老崚嶒

권호문은 1570년 11월 5일에 집을 떠나 12월 초까지 청량산의 여러 명소를 유람한 뒤 〈유청량산록〉을 지었다. 12월 2일에 최치원의 유적이 남아 있는 치원대 · 총명수 · 치원암 · 풍혈대 등을 구경한 뒤 상청량탕上淸凉湯 · 김생굴 · 보현암 등지를 방문하였다. 금탑봉이 하늘 높이 솟아서 마치 구름사다리를 타고 구만리 창공에 올라가는 듯하다. 3구와 4구는 금탑봉에 오르는 구름사다리가 마치 우임금이 하수의 물줄기를 황해로 빠지게 했던 것처럼 뻗어있고, 금탑봉이 마치 여와씨女媧氏가 하늘을 받친 기둥처럼 우뚝 솟은 모습을 표현한 것이다. 그래도 이곳에 오르니 청량산에서 노닐었던 유선儒仙, 곧 유학자로 신선 같은 삶을 살았던 최치원이 가장 기억난다고 한 뒤 자신도 신선이 되어 전설상의 신선인 왕교王喬와 갈홍葛洪과 함께 청량산에서 지내고 싶은 바람을 표현하였다.

03

청량산의 불교 유적

청량산은 연대사를 중심으로 30여 개의 사찰과 암자가 있을 정도로 불교문화가 꽃을 피운 불교의 성지이다. 이는 안동을 중심으로 경북 북부권이 의상이 도입한 화엄종이라는 새로운 종파의 무대가 된 것과도 관련이 있다. 『청량지』 등을 참조하여 청량산에 있었거나 현재 남아 있는 주요 사찰과 암자의 위치와 연혁 · 경관 등을 간략히 살펴본다.

연대사蓮臺寺는 옛날에 자소봉 아래에 있었다. 청량산의 최고 명당으로 앞에 작은 누각이 있고 금탑봉의 층벽과 마주하고 연화봉이 오른쪽에 자리하고 있다. 그러나 절이 오래되어 무너져서 건륭乾隆 을해년(1755)에 골짜기 아래로 옮겨 지었는데, 지금은 불전 하나가 홀로 옛터에 우뚝 서 있다. 백운암白雲庵은 자소봉 아래에 있다. 벼랑 바위가 우뚝 솟아올라 흙을 이고 층을 이루었는데, 그 위는 평평하고 넓으며 여러 암자 중에 가장 높은 곳에 있다. 암자가 오래되고 허물어져 수십 년 전에 이광정李光庭이 승려에게 권하여 중창하였으나 얼마 가지 않아 무너졌다. 지금은 옛터만 남았는데, 산의 승려가 작은 초옥을 지으려고 한다고 하였다. 청량암淸凉庵은 청량산 외산의 동석動石 아래에 있다. 앞은 천 길 절벽이 임해 있고 뒤는 석봉이 층을 이루고 있으며, 매우 고요하여 머물러 쉬면서 독서할 만하다. 신라 시대의 오래된 사찰로 위아래에 두 절이 있는데, 지금은 훼손되고 하나의 암자만 남아 있을 뿐이다. 암자 앞에 대가 있는데, 주세붕이 경유대景遊臺라고 이름을 지었다. 치원암致遠庵은 금탑봉 아래 총명수 옆에 있다. 암자의 모양이 매우 정묘하다. 안중암安中庵은 치원암 옆에 있다. 작은 石像이 안치되어 있는데, 전하는 말에 최치원이 이 산에 머물 때 밥을 지어 주던 노파의 상이라고도 하며, 의상대사가 절을 창건할 때의 할미라고도 하는데, 모두 황탄하여 믿을 만하지 않다. 만월암滿月庵은 백운암 아래 만월대 옆의 층벽에 있다. 문수암文殊庵은 자란봉 아래 양쪽 벽 사이에 있다. 건륭 을해년(1755)에 축융봉 아래로 옮겨 짓고 남암南庵이라 고쳐 불렀다. 연화암蓮華庵은 지장암地藏庵이라고도 한다. 자소봉의 아래, 옛날 연대사의 왼쪽에 있으며 매우 그윽하다. 지금은 대사승大師僧이 많은 학도를 불러 모아서 불경을 익히고 설법을 한다고 한다.

훼손되어 없어진 암자는 다음과 같다. 관음암觀音庵은 선학봉 아래에 있었으나 지금은 없다. 보현암普賢庵은 자란봉 아래 중대 위에 있었다. 앞에 큰 돌이 있어 앉아서 감상할 만하다. 의상암義湘庵은 연화봉 아래에 있었는데, 승려의 말에 따르면 의상대사가 거주했다고 한다. 금강암金剛庵은 장인봉 아래에 금강굴 속에 있었다. 대승암大乘庵은 경일봉 아래에 있었는데, 옛날에 위아래에 두 암자가 있었다. 중대암中臺庵은 자란봉 아래 보현암 앞에 있었다. 몽상암夢想庵은 선학봉 아래에 있었는데, 옆에 폭포가 있다. 원효암元曉庵은 옛날에 원효봉 아래에 있었다. 승려의 말에 따르면 원효가 거주했다고 한다. 중간에 몽상암 옆으로 옮겨 지었다. 사자암獅子庵은 선학봉 아래에 있었다. 없어졌다가 근래에 어떤 승려가 옛터에 작은 암자를 중건하였다. 진불암眞佛庵은 연대 앞에 있었는데, 옆에 폭포가 있고 뒤는 절벽이다. 극일암克一庵은 금탑봉 아래에 있었는데, 풍혈이 그 뒤에 있다. 자비암慈悲庵은 연화봉 아래에 있었다. 보문암普門庵은 자소봉 아래에 있었다. 고도암古道庵은 연대사 옆에 있었다. 벽 위에 이전에 고도선사古道禪師의 상이 있었다고 한다. 별실암別室庵은 자소봉 아래에 있었다.

주세붕은 〈유청량산록〉에서 1544년 당시 청량산에 있는 사찰과 암자에 대하여 다음과 같이 적었다.

> 자소봉은 모두 아홉 층이고 열한 개의 절이 있는데 백운암이 가장 높고, 다음이 만월암, 다음이 원효암, 다음이 몽상암, 다음이 보현암, 다음이 문수암, 다음이 진불암, 다음이 연대사, 다음이 별실암 · 중대암 · 보문암이다. 경일봉은 모두 3층이고 세 개의 절이 있는데 김생암 · 상대승암 · 하대승암이다. 금탑봉 또한 3층이고 다섯 개의 절이 있는데 산의 형상이 탑과 같고 다섯 개의 절이 모두 중층에 돌아가며 지었으니, 치원암 · 극일암 · 안중암 · 상청량암 · 하청량암이 이것이다. 모든 절이 가파른 절벽을 등지고 있어서 아래에서 우러러보면

청량사

다만 깎아지른 듯한 절벽만 보일 뿐 그 위에 또 절이 있다는 것을 알 수 없다. 그래서 절 뒤는 모두 절벽이고 절 앞은 모두 대이다. 연대사에서 이를 보면 금탑봉이 하나의 3층탑이 되고, 치원대에서 보면 자소봉도 하나의 9층탑이 되는데 이는 모두 평생토록 듣도 보도 못한 것이다.

청량산에 있거나 있었던 주요 사찰과 암자를 간략하게 정리하여 살펴보면 다음과 같다. 먼저 연대사는 자소봉 아래 있어 금탑봉을 마주 보고 있었는데, 절이 무너져서 1755년에 마을 아래로 옮겨 지었다. 백운암은 자소봉 아래에 있다. 이황이 어릴 때 〈백운암기〉를 지었고, 이광정이 승려에게 권하여 중창하였으나 얼마 가지 않아 무너졌다. 청량암은 동석 아래에 있는데, 상청량암과 하청량암 두 개로 이루어져 있었다. 지금은 훼손되어 하나의 작은 암자만 남아 있다. 치원암은 금탑봉 아래 총명수 옆에 있다. 안중암은 치원암 옆에 있고 작은 석상이 안치되어 있는데, 최치원이 이 산에 머물 때 밥을 지어 주던 노파의 상이라고도 하고, 의상대사가 절을 창건할 때의 할머니라고도 한다. 만월암은 백운암 아래 만월대 옆의 층벽 위에 있다. 이해가 어릴 때 독서하던 곳이다. 문수암은 자란봉 아래 양쪽 벽 사이에 있다. 1755년에 축융봉 아래로 옮겨 짓고 남암이라 고쳐 불렀다. 연화암은 지장암이라고도 부르는데, 자소봉 아래 옛날 연대사의 왼쪽에 있다. 이외에 관음암 · 보현암 · 의상암 · 금강암 · 대승암 · 중대암 · 몽상암 · 원효암 · 사자암 · 진불암 · 극일암 · 자비암 · 보문암 · 고도암 · 별실암 등의 암자가 있었으나 모두 훼철되었다.

주세붕과 이황이 청량산의 사찰과 암자에 들러 시를 지은 이후에 많은 문인이 청량산의 절과 암자를 찾아 수많은 한시를 지었다. 다음은 주세붕이 1544년 4월 12일에 진불암에 가서 지은 〈진불암眞佛庵〉(『무릉잡고武陵雜稿』 권1)이다.

아침에 연대사를 출발해 와서	朝發蓮臺來
동으로 진불암에 다다랐다네	迤東到眞佛

진불암엔 사는 승려가 없지만	眞佛無居僧
작은 창에 밝은 해가 비치네	小窓通白日
집 뒤엔 천 길의 절벽이 있고	屋後壁千仞
집 앞엔 깊은 골짜기가 있네	屋前臨絕壑
폭포가 백 척 높이로 쏟아져	飛瀑瀉百尺
흰 비단을 거꾸로 걸어놓은 듯하네	倒掛匹練白
조카가 애써서 이름 새기고	小阮強題名
판 위에 년 월을 기록하였네	板上記年月
한유는 숭산에 들어갔고	昌黎入嵩山
주희는 남악에 노닐었네	晦翁遊南岳
이 일이 어찌 옛날 일이 아니랴?	此事豈不古
나는 덕이 없어 부끄럽네	所愧吾非德
한낮에 비로소 문을 나서니	當午始出門
앞 봉우리에서 누군가 쇠 피리를 부네	前峯吹鐵笛

주세붕은 1544년 4월 12일 아침에 연대사를 떠나 진불암과 치원대 등을 구경하고 저녁에 청량사에 들어가 잠을 잤다. 3구~8구는 <유청량산록>에서 "진불암에 들어가니 중이 살지 않은 지 오래되었다. 철벽鐵壁이 뒤에 있고 떨어지는 폭포가 왼쪽에 있으니, 또한 좋은 볼거리이다."라고 표현한 것과 궤를 같이 한다. 11구의 창려 한유는 동야東野 맹교孟郊의 잘못이다. 맹교는 젊었을 때 숭산嵩山에 은거하다가 나이 50에 진사에 급제하여 한유와 망년忘年의 교우 관계를 맺었다. 지금 청량산을 유람하고 있으나 숭산과 형산에서 노닐었던 맹교와 주희처럼 덕이 없는 것이 부끄러울 뿐이다. 마지막 두 구는 <유청량산록>에서 "치원대에 도착하니 피리 소리만 들리는데, 피리를 부는 사람은 보이지 않았다."라는 상황을 표현한 것이다.

다음은 주세붕이 1544년 4월 12일 청량사에 들러 지은 <청량사淸凉寺>(『무릉잡고武陵雜稿』 권3)이다.

청량사의 승경을 방문하려니	欲問清凉勝
하늘이 산사의 탑을 열어놓았네	天開寶塔形
성의 노을이 대낮처럼 표지가 되고	城霞標白晝
바위의 샘물이 하늘에서 쏟아지네	巖溜瀉青冥
험한 돌길을 승려가 익숙하게 다니고	危磴僧行慣
높은 소나무에서 학이 졸다가 깨네	高松鶴夢醒
고운이 옛날에 은거한 일을 좋아하여	孤雲嘉遯古
한 잔 술을 올려 영령을 위로하네	一酹慰英靈

청량사를 찾아가노라니 청량사의 탑이 우뚝 서 있는데, 노을이 환하여 청량사로 가는 길을 알려주고 바위틈에서 솟아난 샘물이 허공에서 아래로 떨어진다. 중들은 치원대에서 청량사로 올라가는 험한 돌길도 익숙하게 오가고 높은 소나무에 둥지를 튼 학이 인기척에 놀라 잠에서 깨어난다. 치원암은 최치원이 머물던 곳인지라 술을 올려 위로하며 흠모하는 마음을 표현하였다.

다음은 이황이 1564년 4월에 이문량李文樑 등 유생들과 함께 청량산을 유람하다가 연대사에 들러 지은 〈연대사蓮臺寺〉(『퇴계집』 권3)이다.

연대사는 맑고도 깨끗한 세계로	蓮臺清淨界
온 산을 마주 보는 형세라네	一山當面勢
단청이 환하고 더 새롭지만	金碧煥增新
불교는 어찌 그리 괴이한가?	象敎何詭麗
승려들이 나를 알거나 몰라도	居僧知不知
번갈아 가면서 영접을 하네	迎勞來更遞
대 위에서 바람 피해 일어나고	臺上起避風

청량사

불당 앞에 소매를 맞대고 앉았네	堂前坐接袂
함께 유람하는 이들이 다 영특하고	同遊盡英英
앞서 온 이들 또한 많았네	曾到亦濟濟
술을 따라 조금씩 잔을 건네며	傾壺細酌傳
가슴 열고 큰 의론을 펼치네	開抱宏論揭
들쑥날쑥해도 번거로움 싫지 않고	參差不厭煩
어쩌다 만나도 정이 깊네	邂逅或深契
노래와 화답이 어찌 없으랴?	那無唱與酬
선현들도 진실로 전례가 있었네	前賢固有例
늙은 내가 감히 먼저 흥을 돋우어	老我敢先挑
다른 이의 좋은 글을 기대해 보네	佇看諸盛製

이황은 1564년 4월에 여러 유생과 청량산을 유람하였는데, 시 아래에 "이때 나는 영양永陽 이대성, 봉성鳳城 금사임 · 금문원, 광산光山 김신중 · 김돈서, 영가永嘉 권시백 · 김경방, 풍산豐山 류경문 · 류이득, 영양永陽 이굉중, 영양英陽 남성중과 함께 유람하였고, 조카 교와 손자 안도가 따랐다. 예안禮安 읍재 포산苞山 곽경정 및 횡성橫城 조사경, 봉성鳳城 금협지는 약속을 하고도 오지 않았다.[時 余與永陽李大成 鳳城琴士任 琴聞遠 光山金愼仲 金惇敍 永嘉權施伯 金景龐 豐山柳景文 柳而得 永陽李宏仲 英陽南成仲同遊 滉姪㝯 孫安道從 禮安宰苞山郭景靜及橫城趙士敬 鳳城琴夾之 期而不至]"라는 주석이 있다. 청정한 연대사에 들어가서 본 승려들의 행동거지는 유생들과 비교할 때 괴이하고 낯설기만 하다. 단청을 화려하게 꾸미고 불당에 옹기종기 모여 앉은 승려들의 모습은 술을 마시며 회포를 토로하고 시를 수창하며 우의를 돈독하게 하는 유생들의 모습과 매우 다르기 때문이다.

다음은 권호문이 1560년 봄에 백운암에 가서 지은 〈백운암에 이르러[到白雲庵]〉(『송암집』 권2)이다.

산중의 온갖 사물이 봄기운을 띠고 있어	知得山中物物春
증점의 낙과 안회의 인을 마음으로 찾아보네	潛尋點樂與顏仁
높은 대 위에서 오묘한 이치를 사색해 보니	會心觀妙高臺上
달빛과 풍광이 절로 태고의 천진한 모습이네	月色風光自混眞

권호문은 1560년 3월에 청량산 백운암에 가서 『논어』를 읽다가 4월 하순에 집으로 돌아왔다. 늦봄이라 산중의 온갖 사물이 봄기운 한껏 띠고 있어서 증점曾點의 즐거움과 안회顏回의 인을 잠심하여 찾아본다. 증점의 즐거움은 "늦은 봄에 관자 대여섯 명, 동자 예닐곱 명과 함께 기수沂水에서 목욕하고 무우舞雩에서 바람을 쐬고 시를 읊으며 돌아오고 싶습니다."라고 한 것을 말하고, 안회의 인은 공자가 제자 안회를 두고 "한 그릇의 밥과 한 표주박의 먹고 마시며 누항陋巷에 사는 것을 다른 사람들은 그 근심을 견뎌 내지 못하나 안회는 그 즐거움을 바꾸지 않으니, 안회는 어질다"라고 한 것을 말한다. 3구와 4구는 백운암에서 경전을 읽으며 오묘한 이치를 탐구하다가 자연 속에 담긴 천진한 모습을 체득한 즐거움과 희열을 표현하였다.

다음은 이유헌李裕憲(1870~1900)이 1887년 4월에 연대암에 들러 지은 <연대암>이다.

연화봉 아래의 연대사	蓮花峰下蓮臺寺
반은 구름에 들고 반은 바위에 걸터앉았네	半入雲間半架巖
법력이 높은 늙은 스님은 백 살에 가깝고	有術老僧年近百
침묵하는 금불상은 입을 세 번 꿰매었네	無言金佛口緘三
차 끓이는 돌 아궁이에 가는 김이 향기롭고	烹茶石竈烟杳細
대통으로 보내는 샘물은 단맛이 나네	通竹山泉水味甘
신선 땅 두루 밟아 오늘 여기에 이르니	徧踏仙區今到此
심신이 다시 확 트인 호쾌한 사내라네	心神更豁是豪男

이유헌은 1887년 4월에 도산면 가송리의 긍구당肯構堂에서 출발하여 오산당 · 치원대 · 금탑봉 · 김생굴 · 연대암 등지를 유람하고 긍구당으로 돌아와 〈학부 우해찬과 함께 청량산을 유람하고 서문을 병기하다[與禹學夫海纘遊淸凉幷序]〉를 지었다. 둘째 날에 금탑봉과 김생굴을 구경하고 정오 무렵 연대암에 들어가 점심을 먹었다. 바위 위에 지은 연대암이 매우 높은 곳에 자리하여 구름 속에 반쯤 들어갔는데, 암자의 노승은 나이가 백 살에 가깝고 불당에는 침묵하는 금불상이 안치되어 있다. 차향을 맡고 감로수를 마시니 이곳이 바로 선경인지라 마음과 정신이 확 트인 기쁨을 표현하였다.

다음은 서익徐益(1542~1587)이 가을에 문수사에 들러 지은 〈문수사文殊寺〉이다.

서리 내린 뒤에 산들이 옥처럼 꽂혀있고　霜後群巒揷玉容
새벽 법당 독경 소리가 온 산에 퍼지네　曉堂淸梵嶽西東
강호의 길손이 관직에서 물러나자　聊因海客休官日
곧이어 병마가 와서 귀가 먹었네　且遣魔兒聽物聾
바윗가에 단풍 들어 가을이 물들고　紅葉巖邊秋欲滴
단 위에 구름 끼어 길마저 희미하네　碧雲壇上路微通
십 년의 책과 칼은 풍진의 뜻인지라　十年書釰風塵意
시름겨워 말없이 밤 내내 앉았네　愁坐無言一夜中

서리가 내린 뒤에 흰 돌산이 모습을 드러내고 새벽녘 승려들의 독경 소리가 산사 주변에 울려 퍼진다. 관직에서 물러난 뒤 강호를 떠돌다가 귀마저 잘 들리지 않는 상황이 되었다. 문수사 주변에 단풍이 곱게 물들었으나 구름이 끼어 길이 희미하게 문수사로 통한다. 문수사를 찾아가 선방에 앉았노라니 풍진 세상에서 선비로 학문에 정진했던 삶이 부질없어 시름에 잠긴 채 잠을 이루지 못하는 심정을 표현하였다.

청량사

다음은 김득연金得研(1555~1637)이 1579년 9월 2일에 상청량암과 하청량암에 들러 지은 <상청량上淸凉>과 <하청량下淸凉>이다.

고사에 늙은 중이 있는데	古寺殘僧在
생애가 한 사발 차와 같네	生涯茶一椀
때때로 약초를 캐어 오고	時時採藥來
학과 서로 짝이 되어 살아가네	猿鶴相爲伴

이끼 낀 길을 찾아 산문을 두드린 뒤	幽尋苔逕叩禪扃
창문에 잠시 기대 홍진의 꿈 깨었네	暫倚風欞塵夢醒
온 골짜기 구름에 아침저녁 맡겨두고	一壑晴雲任早晩
반 사발의 찬 찻물이 저절로 맑고 차네	半甌寒液自淸冷
단풍 든 나무들이 붉은 장막 펼쳤고	錦粧萬樹紅排帳
이내 낀 봉우리들 푸른 병풍 둘렀네	嵐染千峯翠擁屛
유람은 정말로 가을철이 좋지만	遊賞正當秋節好
산중의 절경을 그려내기 어렵네	山中奇絶畵難形

김득연은 1579년 8월 30일에 와룡에서 출발하여 역동서원 · 애일당 · 도산서원 · 연대사 등을 방문한 뒤 9월 2일부터 4일까지 보문암 · 치원암 · 상청량암 · 하청량암 · 김생굴 · 문수암 · 만월암 · 연적봉 · 연대사 · 금강굴 등지를 유람하고 〈유청량산록〉을 지었다. 9월 2일에 중대암 · 고도암 · 치원대 · 치원암 · 안중암을 지나 상청량암과 하청량암에 들렀을 때 "골짜기가 그윽하며 여러 봉우리가 푸른색을 띠고 사방으로 빙 둘러 우뚝하고, 크고 작은 단풍이 비단처럼 펼쳐져 가을 산의 아름다움을 글로 모두 표현할 수 없었다."라고 묘사하였다.

〈상청량上淸凉〉은 암자에 사는 노승의 담박하면서도 한가한 삶을 읊었고, 〈하청량下淸凉〉은 가을에 산사를 방문하여 속세의 헛된 꿈에서 깨어나 아름다운 풍경을 감상하는 즐거움을 노래하는 한편 이런 아름다운 장관을 글로 표현할 수 없는 안타까움을 토로하였다.

04

김생과 최치원의 유적

청량산에는 김생과 최치원 관련 유적이 많이 남아 있고, 이곳을 찾은 문인들은 그들의 행적과 유적에 대해 수많은 시문을 지었다. 김생과 최치원의 간략한 생애와 청량산에 남아 있는 관련 유적을 정리하면 다음과 같다.

먼저 김생은 뛰어난 명필 중의 한 사람으로 우리나라 서예사의 종조로 평가를 받고 있다. 『삼국사기』에 따르면 김생은 711년에 한미한 가정에서 태어나 나이 여든이 넘어서도 붓을 놓지 않아 예서 · 행서 · 초서 모두 입신의 경지에 이르렀다고 한다. 김생과 관련된 유적이 여러 곳에 남아 있는데, 안동 청량산도 그 가운데 하나이다. 청량산에 있는 김생의 유적은 김생굴과 김생암 터, 김생 폭포 등이 있다. 김생굴과 김생암 터는 청량산 경일봉 아래 청량정사 뒤편의 절벽 중간에 자리하고 있는데, 김생이 10여 년 동안 글씨를 익히던 공간이라고 한다. 김생 폭포는 김생굴 앞에 있으며 장마철에 여러 계곡의 물이 합류하여 폭포를 이루는데, 오산당에서 바라보면 천 길 높은 곳에서 쏟아져 내리는 흰 물줄기가 장관이라고 한다.

최치원은 857년에 태어난 학자로 본관이 경주, 자가 고운 혹은 해운이다. 전국 각지에 최치원에 얽힌 설화와 전설, 유적이 많이 남아 있는데, 청량산도 그 가운데 하나이다. 최치원과 관련한 지명과 유적으로 치원봉, 치원암 터, 총명수, 고운대, 풍혈대, 안중암 터 등이 있다. 치원봉은 청량산 열두 봉우리 중의 하나인데, 뒤에 주세붕이 금탑봉으로 이름을 바꾸었다. 치원암 터는 치원암이 있던 곳으로 지금은 터만 남아 있는데, 금탑봉金塔峯 아래 총명수聰明水 옆에 있었던 암자이다. 총명수는 고운대와 치원암 터 바로 옆에 있는 우물이다. 최치원이 이 물을 마시고 더욱 총명해졌기 때문에 총명수로 불리게 되었다. 절벽 상하로 우뚝 솟은 곳에서 물이 일정하게 솟아나는데, 가뭄이나 장마에 상관없이 물의 양이 일정하다고 한다. 이 물을 마시면 지혜와 총명이 충만하게 된다고 하여 예로부터 과거 준비를 하던 선비는 물론이고 여러 지역에서 찾아와 효험을 보았다고 한다. 고운대는 총명수 옆 치원암 터 앞에 있다.

풍혈대는 금탑봉 중간, 고운대 뒤편에 있다. 풍혈은 바람이 통하는 굴을 말

김생굴

하는데, 최치원이 이곳에서 독서하고 바둑을 즐겼다고 한다. 풍혈대 바로 아래에 극일암 터가 있다. 극일암은 신라 시대의 명필 요극일姚克一의 이름을 따서 붙인 명칭이다. 그는 최치원의 이웃에 집을 짓고 구양순歐陽詢의 서체를 배워 김생과 함께 명필로 이름을 날렸다. 곡성 대안사의 적인선사조륜청정탑비寂忍禪師照輪淸淨塔碑와 흥덕왕릉비興德王陵碑 등의 글씨를 썼다.

다음은 고려 시대 승려인 천인天因(1205~1248)이 지은 〈치원암 주지가 시를 보이고 나에게 산중의 고사를 적어달라고 요청하기에 차운하여 화답하다[致遠庵主以詩見示 仍以請予紀山中故事 次韻答之]〉(『동문선』 권6)라는 48구의 칠언고시 중 1구~24구이다.

동남쪽 장관 중에 수산이 있어서	東南壯觀有水山
옛날부터 성현들이 자취를 남겼네	自古聖賢留軌躅
내가 이 산에 와서 그 노인을 찾아	我來此山訪其老
여러 밤을 얘기해도 충분치 않았네	晤語數宵猶未足
인하여 말하기를 '산이 태백산에서 흘러와	因言山來自大白
문화산 형세가 천하에서 최고'라고 하였네	文華之勢天下獨
푸른 벼랑이 만 길이고 길이 백 구비이니	蒼崖萬仞路百曲
누가 여기 와서 집을 짓고 은거했나?	幽居誰肯此來卜
문창후 최치원이 비로소 집을 짓고	文昌崔侯始結廬
서생 요극일이 글을 배우며 집을 이웃하였네	姚生學書仍接屋
위에 김생의 옛 바위굴이 있는데	上有金生古巖窟
천여 축의 불경을 글씨로 썼었네	貝書寫出千餘軸
김생 굴에서 흐르는 먹물이 늘 벼루에 떨어졌고	嵌根流墨每滴硯
천제가 약을 내려 눈을 밝게 하였네	天帝降藥使明目
아래로 영랑이 몸을 던진 곳에 접하고	下着永郎捨身處
맑은 샘물이 나와 무더위를 씻었네	願出淸泉灑炎溽

우선 신선의 뼈를 금괴에 넣어 두어　　故留仙骨在金匱
얼마나 오는 이들을 감동하게 하였던가?　　幾敎來者同熏浴
뒤에 있는 대승암에 불상이 좌정하여　　後有大乘坐頭陁
우뚝한 암자가 부상에 의지했네　　卓庵面勢依暘谷
세 현인과 두 성인이 함께 숨어 살아서　　三賢二聖共栖遁
천년의 풍류가 향기를 다투었네　　千載風流競芬馥
지금도 남긴 자취가 완연히 있으나　　至今遺迹宛猶在
훌륭한 일을 역사서에 적은 이가 없었네　　勝事無人書帛竹

천인과 치원암 주지와의 대화를 통해 청량산의 옛날 이름이 수산과 문화산이었고, 옛날부터 성현들의 자취가 남아 있는 곳임을 알 수 있다. 최치원과 요극일, 김생이 이곳에 은거하며 아름다운 자취를 남겼고, 의상과 원효가 청량산에 거주하여 암자를 지은 곳이기도 하다. 21구의 세 현인과 두 성인[三賢二聖]은 앞서 언급한 최치원 · 요극일 · 김생 · 의상 · 원효를 말한다. 이들이 남긴 자취가 지금도 남아 있으나 기록한 이가 없어서 안타깝다고 하였다. 25부터 48구까지는 치원암 주지가 산사에서 불경을 외우고 참선하며 지내는 삶을 칭송한 뒤 청량산의 고사를 시로 지어달라는 부탁에 따라 주지의 시에 차운하여 시를 보낸다고 하였다.

다음은 주세붕이 1544년 4월 13일에 치원암과 총명수, 김생굴의 뒷 봉우리에 들러 지은 <최고운을 느끼다[感崔孤雲]>와 <김생을 느끼다[感金生]>(『무릉잡고』 권3)이다.

당나라에 가서 불우하여 신라로 왔지만　　西行不遇復東行
빈 산에서 굶주린 한을 어찌 풀랴?　　竟餓空山恨孰平
무열왕릉 안의 금 주발이 나왔는데　　武烈陵中金盌出
가야산 고개에는 둥근 달이 밝네　　伽倻嶺上月輪明

김생굴

김생굴 속에서 김생을 회상하니	金生窟裏憶金生
수많은 골짜기와 봉우리가 여전히 정이 있네	萬壑千峯尚有情
신령한 붓끝에 산 모습을 옮겼으니	神筆早能移衆峭
우리 집 서첩에 분명히 보이네	吾家帖裏見分明

최치원을 읊은 시는 최치원의 불우했던 삶을 슬퍼하는 마음을 담았다. 최치원은 당나라에 가서 빈공과賓貢科에 급제하였음에도 불구하고 뜻을 펼칠 수 없어 신라로 돌아와 시무책時務策을 올려 정치를 개혁하려 하였으나 실패하여 벼슬에서 물러난 뒤 산중에서 굶주려 죽은 한을 끝내 풀 수 없었다. 최치원이 왕건에게 보낸 글에서 신라의 멸망을 예견한 것처럼 그의 사후에 신라가 멸망하여 경주 서악동 영경사永敬寺 북쪽에 있던 무열왕릉이 훼손되어 장사지낼 때 묻었던 부장품인 금 주발이 도굴되었다. 그러나 최치원이 만년에 살았던 가야산 홍류동紅流洞에는 여전히 밝은 달이 비추고 있듯 그의 업적이 영원히 사라지지 않을 것임을 말하였다.

김생을 읊은 시는 김생의 글씨가 뾰족하고 굳센 청량산의 모습에서 유래하였음을 말하였다. 이는 <유청량산록>의 4월 16일 기사에서 김생굴을 방문한 뒤 "우리 집에 김생의 서첩이 있다. 글자의 획이 모두 뾰족하고 굳세어 바라보면 마치 여러 바위와 빼어남을 다투는 듯하였다. 지금 이 산을 바라보니 바로 김생이 여기에서 글씨를 배웠다는 것을 알 수 있다. 필법이 정묘하여 신품에 들어가니 자신도 모르게 쌓인 빼어남 때문이었다."라고 말한 것과 일맥상통한다.

다음은 권성구權聖矩(1642~1709)가 1726년 4월 3일에 치원암에 들러 최치원을 회고하며 지은 고시이다. 『구소집鳩巢集』 권3 <유청량산록>에 실려 있다. 권성구는 이 시를 짓게 된 배경에 대하여 "요초대瑤草臺를 거쳐서 치원암에 이르니, 암자가 텅 비고 승려도 없다. 병인년(1686)에 왔을 때는 지키던 사람이 있었으나 20년 사이에 이렇게 바뀌었다. 이후로 많은 세월이 흐른다면 이 산마저 변하지 않으리라고 장담할 수 있으랴? 황폐해진 계단에서 거닐며 떠나려다가도 떠날 수 없다.

이에 최치원의 출처出處를 느꺼워하며 논평해 본다. 최치원은 당나라에서 돌아온 후 신라 말기의 다사다난한 것들을 보고는 드디어 세상에 미련을 두지 않고 신령이 깃든 산에 두루 자취를 남겼다. 그가 남긴 풍모를 수천 년 뒤에 상상하여 고시古詩 한 편을 지어 느낌을 담았다."라고 하였다.

암자를 치원이라 이름하는데	有菴名致遠
금탑봉 남쪽 기슭에 있네	金塔峯之南
최치원은 신선의 풍모가 있어	崔仙有仙風
당시에 노닐며 찾은 곳이네	當日所遊探
신령한 바람을 말로 삼아 몰고	靈飈以爲馭
푸른 학을 곁말 삼아 다녔네	靑鶴以爲驂

김생굴

바둑판으로 세상 경영 뜻을 움직였고	一局動經世
기이한 자취가 험한 바위에 남아있네	異迹留巖嶇
아직도 묵객들의 기록이 전해	尙有墨客記
유람객이 그 얼마나 이야기하나?	幾費遊人談
치원암은 암자의 이름으로 좋지 않아	庵名儘非令
구름도 남은 치욕을 머금고 있네	雲物遺恥含
고운이라 한 최치원의 자를	願以孤雲字
석굴에 새겨 고운암이라 고쳤으면 하네	改諸鐫石龕

권성구는 1706년 4월 3일에 어풍대 · 총명수 · 풍혈대에 들러 오언절구를 각각 지은 뒤 치원암에 도착하여 앞의 시를 지었다. 금탑봉 치원암에 이르러 신선의 풍모를 지닌 최치원을 회고한 뒤 풍혈대에 남아 있는 바둑판을 통해 세상을 경영하고자 했던 최치원의 뜻을 흠모하였다. 말미에서 '치원암'이란 명칭이 마땅치 않으므로 '고운암'으로 고쳐야 한다고 역설하였다.

다음은 김시온金是榲(1598~1669)이 1652년 가을에 치원암과 문수암을 구경한 뒤 김생굴에 이르러 지은 <치원암에서 문수암을 거쳐 김생굴에 이르다[自致遠庵 過文殊庵 到金生窟]>(『표은집瓢隱集』 권1)이다.

치원암이 처량하고	凄凉致遠庵
김생굴이 적막하네	寂寞金生窟
벼루 없는 물이 바위를 울리고	無硯水啼巖
남은 바둑판에 이끼가 끼었네	留棊苔上局
죽은 뒤에 혼백이 구름이 되고	魂爲身後雲
살았을 때 봉우리가 붓이었네	峯是生前筆
고적을 찾았다가 석양에 기대니	訪古倚斜陽
슬픈 바람에 단풍들이 슬피 지네	悲風嘯秋葉

총명수

김시온은 1652년 가을에 청량산을 유람하며 11수의 시를 지었는데, 앞의 시는 치원암과 김생굴을 소재로 하여 최치원과 김생을 회고하며 인생의 무상함을 표현하였다. 세월이 오래되어 치원암과 김생굴이 황폐해진 상황에서 김생이 먹을 갈던 벼루가 없어지고 최치원이 두던 바둑판에는 이끼가 끼어 있다. 최치원이 죽은 뒤에 구름만 유유히 떠다니고 김생이 글씨를 익힐 때 모방했던 봉우리만 여전히 남아있다. 영원한 자연에 비해 부질없는 인생사를 슬퍼하는 차에 노을이 지고 가을바람에 떨어지는 단풍들이 비애를 배가시킨다.

다음은 김휴金烋(1597~1638)가 총명수에 들러 지은 〈총명수聰明水〉이다.

명성에 집착함은 본래 헛된 법이니　　强着名呼本是虛
공부는 삼여에 넉넉하게 해야 하네　　工夫要在足三餘

구태여 총명수를 마시지 않아도	不須飮此聰明水
세상의 만권 서적을 독파하리라	讀破人間萬卷書

명성에 집착하지 않고 짬이 날 때마다 공부에 전념하겠다는 뜻을 토로한 시이다. 삼여三餘는 한 해의 나머지인 겨울, 하루의 나머지인 밤, 시간의 나머지인 흐리고 비 오는 때로, 틈나는 시간을 이용하여 독서에 전념함을 말한다. 마지막 2구는 최치원이 총명수를 마셔서 총명해졌다는 승려들의 말을 부정하고, 나는 총명수를 마시지 않고 독서에 매진하겠다는 뜻을 피력하였다.

05

청량산의 유교 유적

불교의 폐단을 지적하며 유학을 도입한 조선 시대에는 유학이 새로운 사상으로 자리하게 되었다. 불교문화가 열세를 보이면서 유학이 새로운 시대사상으로 자리 잡아 청량산은 유학의 성지로 탈바꿈하였다. 청량산이 유학의 성지로 부상하게 된 데는 주세붕과 이황의 역할이 매우 컸다. 주세붕은 1544년에 풍기 군수로 재직할 때 청량산을 유람하고 <유청량산록>이라는 명문을 지었고, 이황은 청량산을 오가며 학문의 기틀을 마련하며 많은 시문을 남겼다. 이황이 머물며 공부했던 청량산은 조선 유학자들의 스승으로 여기던 주자의 무이산武夷山에 비견될 정도로 널리 알려졌고, 이황을 흠모했던 제자들의 발길이 이어졌다.

청량산에 있는 대표적인 유교 유적으로 청량정사淸凉精舍, 고산정孤山亭, 운산정雲山亭 등이 있다. 청량정사는 경일봉 아래의 유리보전에서 응진전으로 가는 도중에 자리하고 있다. 이중봉李中鳳이 지은 <오산당중건기吾山堂重建記>에 따르면 이 건물은 이황이 남긴 뜻을 받들어 사림의 합의로 1832년에 창건하였다고 한다. 이후 이곳은 퇴계 선생을 기리는 수많은 후학의 학문 탐구와 정신 수양의 중심지가 되었다. 1896년에는 청량의진淸凉義陣이 조직되어 의병 투쟁의 근거지가 되기도 하였다. 현재의 건물은 1896년 일본군의 방화로 소실

청량정사

되었던 것을 1900년에 중건한 것이다. 강당 10칸, 부속 건물 6칸으로 되어 있는데, 오산당吾山堂, 운서헌雲棲軒, 지숙료止宿寮, 유정문幽貞門 등이 중요 건물이다.

고산정은 이황의 제자 금난수琴蘭秀가 1564년에 세운 정자로 청량산 남쪽 기슭인 안동시 도산면 가송리에 자리하고 있다. 금난수는 1564년에 예안의 명승인 가송협佳松峽에 고산정을 짓고 일동정사日東精舍라 불렀으며, 항상 경전을 연구하며 유유자적하였다. 정자와 주변의 풍경과 잘 어울려 한 폭의 그림을 떠오르게 한다. 정자 정면에 홀로 떨어진 산을 고산 또는 독산獨山이라 한다. 이황이 청량산을 오갈 때 자주 들러 빼어난 경치를 즐기며 〈서고산벽書孤山壁〉, 〈유고산遊孤山〉, 〈고산견금문원孤山見琴聞遠〉 등 여러 편의 시를 지었다. 정자 안에 이황과 금난수의 시편이 걸려 있다.

운산정은 이황의 제자인 정사성鄭士誠의 덕을 기리기 위하여 조선 정조 때 세운 정자로, 경상북도 봉화군 명호면 북곡리 구름재[雲山] 마을에 자리하고 있다. 정사성이 임진왜란 때 경주 집경전集慶殿 참봉으로 있을 때 태조의 영정을 청량산 자락의 운산으로 옮겨와 안전하게 봉안하였다. 조정에서 그의 충정과 공로를 기려 이 일대의 땅을 하사하였고, 후손들이 선조의 공업을 널리 알리기 위하여 운산정을 건립하였다. 이곳에 오르면 청량산 의상봉의 기기묘묘한 뒷모습과 첩첩한 산의 능선, 굽이쳐 흐르는 낙동강의 아름다움을 한껏 즐길 수 있다.

다음은 이황이 1546년에 지은 〈홀로 고산을 유람하다가 월명담에 이르러 물길을 따라 산을 돌아 내려가다가 저녁에 퇴계에 이르며 매번 승경을 얻을 때마다 바로 절구 한 수를 짓다[獨遊孤山, 至月明潭, 因竝水循山而下, 晩抵退溪, 每得勝境, 卽賦一絶]〉 9수 중에서 제1수 〈고산孤山〉(『퇴계집』 권1)이다.

청량정사

어느 해에 신령한 도끼로 굳센 바위 깨뜨려	何年神斧破堅頑
천 길 절벽 위 정자가 물굽이에 걸터앉게 하였나?	壁立千尋跨玉灣
은자가 와서 주인이 되지 않았다면	不有幽人來作主
고산의 외진 곳을 다시 누가 오르랴?	孤山孤絶更誰攀

1구와 2구는 금난수가 1546년에 가송협의 절벽 바위를 깨뜨리고 낙동강의 흰 물결을 굽어볼 수 있는 곳에 정자를 지은 일을 말하였고, 3구와 4구는 금난

청량산

수가 이곳에 정자를 짓고 은거하기 때문에 몸소 외진 곳을 찾아왔다고 표현한 것이다.

다음은 이황이 1564년 4월에 청량산을 유람하며 지은 〈독서는 산중을 유람함과 같다[讀書如遊山]〉(『퇴계집』 권3)이다. 1564년 청량산 유람에 이문량 · 금보 · 금난수 · 김부의 · 김부륜 · 권경룡 · 김사원 · 류중암 · 류운룡 · 이덕홍 · 남국헌이 동행하고, 조카 이교와 손자 이안도가 따라갔다.

독서는 산 놀이와 같다고 남들이 말하는데　讀書人說遊山似
지금 보니 산 놀이가 독서와 비슷하네　今見遊山似讀書
공력을 다할 때는 아래부터 시작해야 하고　工力盡時元自下
깊건 얕건 얻는 곳은 너에게 달려 있네　淺深得處摠由渠
구름이 이는 것을 보고서 묘리를 알고　坐看雲起因知妙
근원에 이르러 시초를 깨닫네　行到源頭始覺初
절정에 오르기를 공들에게 권하고서　絶頂高尋勉公等
노쇠하여 그만두니 나는 매우 부끄럽네　老衰中輟愧深余

남들은 독서가 산 유람과 같다고 말하지만 지금 청량산을 오르면서 산 유람이 독서와 같음을 깨닫는다. 산은 아래에서부터 오르고 산에 오르고 오르지 못함은 자신에게 달린 것처럼 공부도 기초부터 해야 하고 지식의 깊고 얕음도 자신에게 달려 있다. 산에서 구름이 이는 것을 자연의 묘리를 알아야 하고 물의 근원에 이르러 강물과 바닷물도 적은 물에서 비롯됨을 깨달아야 한다. 산수 유람을 통하여 자연의 이치를 깨닫고 학문의 경지를 높여야 한다고 역설한 시이다. 마지막 2구는 청량산 유람에 동행한 이문량 등에게 절정에 오르라고 권하였으나 이황 자신은 노쇠하여 등산을 멈춘 일을 부끄럽다고 한 것이다. 그러나 이 속에서 노성한 학자인 이황의 겸허한 마음을 엿볼 수 있다.

이황의 이 시는 권상일이 지은 이의윤李宜潤의 묘갈명인 〈무첨당이공묘갈명

無忝堂李公墓碣銘〉(『청대집靑臺集』 권12)에서 “책을 읽는 것은 산을 유람하는 것과 같다. 간혹 산을 반도 오르지 못하고 중지하는 자도 있고, 간혹 산을 두루 다니면서도 산의 취지를 알지 못하는 자가 있으니, 반드시 산수의 취지를 알아야 비로소 산을 유람하였다고 말할 수 있다.[讀書如遊山. 或有登山未半而止者, 或有歷遍而不知其趣者, 必也知其山水之趣, 方可謂之遊山.]”라고 말한 것과도 상통한다.

다음은 이덕홍이 1564년 4월에 이황을 모시고 청량산을 유람하다가 이황의 〈연대사〉 시에 차운하여 지은 〈청량산 연대사에서 퇴계 선생의 시에 차운하여 어른들께 보이다[淸凉蓮臺寺 次退溪先生韻 以示諸丈]〉(『간재집艮齋集』 권1)이다.

연대사 보배로운 세계가	蓮臺一寶界
특별한 땅에 우뚝 서 있네	特地崢嶸勢
더구나 초여름 사월에	況是淸和節

청량사 유리보전

온갖 만물이 고움을 뽐내네　萬象爭姸麗
퇴계 선생 모셔서 진실로 다행이라　奉杖眞多幸
늙은이와 젊은이가 서로 따라가네　老少行相遞
물과 바위가 가슴 속을 시원하게 하고　水石淸肝肺
맑은 이내가 옷깃과 소매를 덮네　晴嵐映襟袂
웃으며 함께 온 이들에게 말하나니　笑謂同來人
이번 행차는 하늘이 만든 것이네　此行天所濟
산에 오를 때 힘이 들어도　躋攀力雖倦
올라 보니 마음이 높아지네　登覽心高揭
맹세하노니, 속세의 발자취로　誓將塵土蹤
구름과 물과 영원히 인연을 맺으리라　永作雲水契
퇴계 선생 앞에서 각각 뜻을 말하는데　座下各言志
맑은 시 짓는 것은 보통 일이 아니네　淸詩非常例
못난 시로 좋은 시를 잇는 것이 부끄러워　貂尾赧續狗
회포 있어도 감히 짓지 못하네　有懷不敢製

만물이 생동하는 초여름에 다행스럽게도 퇴계 선생을 모시고 청량산 연대사에 오르니 가슴이 탁 트이고 마음이 고양되어 산수와 인연을 맺어 자연 속에서 살고 싶은 생각이 간절하다. 퇴계의 시에 차운하여 시를 짓는 일이 쉽지 않아 나의 속마음을 완전히 드러내지 못한 안타까움을 담아내었다.

다음은 이유헌이 1887년 4월에 청량정사에 들러 지은 〈청량정사에서 자다[宿精舍]〉이다.

지금 사람들이 오산당을 말하며　至今人說吾山堂
불후한 유풍이 백 대 뒤에도 장구할 것이라 하네　不朽遺風百世長
낙천 북쪽 근원은 명승지로 전해지고　洛北眞源傳勝地

청량산

영남은 학문을 숭상하는 이름난 고장이네	嶠南崇學獨名鄉
벽에 가득한 책은 오묘한 이치 찾기 어렵지만	圖書滿壁難探妙
난간 앞 난초와 계수는 향기를 맡을 만하네	蘭桂臨軒可擷芳
방에 들어가 퇴계 선생이 앉았던 자리 추억하며	入室追惟函丈位
대낮에 예전처럼 향로봉을 마주하네	依然淸晝對爐香

이유헌은 우해찬과 함께 청량산을 유람하다가 청량정사에 가서 주변의 풍경을 구경하고 잠을 잔 뒤 다음날에 퇴계 선생과 선조 이문량 등이 1564년에 청량산을 유람했던 일을 추억하며 친히 배울 수 없는 상황을 탄식하였고, 청량산을 그림으로 그려 아침저녁으로 바라보겠다고 하였다. 영남은 학문을 숭상하는 고장이고, 청량정사는 퇴계 선생이 강학하던 곳인지라 백 세대 뒤에도

영원할 것이다. 성현의 오묘한 학문을 알기 어려우나 퇴계 선생의 학덕과 유풍을 접할 수 있다고 하며 흠모하는 마음을 표현하였다.

다음은 곽종석이 1878년 가을에 청량정사에 들러 지은 〈청량정사 3수[淸凉精舍 三詠]〉이다. 곽종석은 이때 안동에 가서 대산서당 · 석문정 · 애일당 · 도산서원 · 이황의 묘 등을 방문한 뒤 청량산에 들어가 청량사 · 김생굴 · 청량정사 · 연대사 · 망월암 등지를 구경하고 여러 편의 한시를 지었다. 〈오산당吾山堂〉, 〈서운헌棲雲軒〉, 〈지숙료止宿寮〉 3수를 차례로 보인다.

무이산의 푸른 빛이 그치지 않아	夷山青未了
바다 건너 청량산에 다시 솟아올랐네	渡海更騫騰
선생께선 하늘이 내린 분이라	夫子從天降
우리 유학이 해처럼 떠올랐네	斯文與日昇
선생의 집에 맑은 기운이 옮겨오고	軒屏移淑氣
숲과 골짜기가 휘호를 비추네	林壑照徽稱
우리 선생의 『고경중마방』을 게시하니	揭我重磨鏡
밝고 밝아 먼 곳의 벗임을 알겠네	昭明覺遠朋

흰 구름이 허공에서 일어나	白雲起泬廓
내가 묵는 서운헌 창에 나아오네	就我宿軒窓
어찌 장맛비가 고달프다고 말하랴?	豈謂霖姿乏
만물을 해칠까 근심할 뿐이네	秖愁物患撞
경전 서고가 거듭 심원하고 그윽하여	經龕仍邃穆
도 영역과 함께 순후하고 도탑네	道域與淳厖
만고에 한가롭게 흩어졌다 모이니	萬古閒舒卷
마침내 나라가 윤택해짐을 보리라	終看澤海邦

산 밖의 길손인 벗들이	故人山外客
나의 산중 암자를 찾았네	訪我山中菴
산의 폭포가 다투어 만류하고	山瀑爭投轄
산의 구름이 함께 벗을 모았네	山雲共盍簪
연이은 봉우리가 기거를 보호하고	連峯護起止
천고가 이야기에 들어오네	千古入評譚
거친 밥도 마땅히 진미이니	脫粟當珍餉
그대는 배불리 먹음을 탐하지 말라	君非哺啜貪

〈오산당吾山堂〉에서는 주희의 학문을 이은 이황의 학덕을 칭송하고 추모하였다. 주희가 머물던 무이산과 이황이 강학하던 청량산이 이어진다고 하는 한편 이황이 성현들의 잠箴 · 명銘 · 찬贊 77수를 모아 엮은 뒤 주희가 임희지를 전송할 때 지은 〈송임희지시送林熙之詩〉의 "고경을 거듭 밝히려면 고방이 필요하니, 그렇게 하면 안광이 햇빛과 밝음을 다투리라.[古鏡重磨要古方 眼明偏與日爭光]"라고 한 구절을 취하여 서명을 『고경중마방古鏡重磨方』이라 한 점을 들어 주희와 이황을 연결하였다.

〈서운헌棲雲軒〉은 구름이 깃든 곳이라는 '서운헌'의 건물 명칭을 염두에 두고 지은 시이다. 구름이 일어나 내가 머무는 서운헌으로 몰려와 장맛비를 뿌려 우리나라를 촉촉하게 적셔주기를 바라는 마음을 담았다. 〈지숙료止宿寮〉는 숙소에 벗들과 함께 머물며 청량산의 산과 구름을 구경하고 산중에서 거친 밥을 맛있게 먹는 마음을 표현하였다.

06

청량산 산성과 공민왕 유적

청량산

청량산 축융봉 일대에는 공민왕과 관련된 유적이 많이 남아있다. 지금도 공민왕 때 쌓았다는 산성의 흔적이 남아있다. 공민왕은 1361년에 홍건적이 침략하여 개성이 함락될 위기에 처하자 안동을 임시 수도로 정하고 안동으로 몽진하였다. 이전부터 군사적 요새였던 청량산은 안동으로 몽진한 공민왕에게 마지막 보루로 삼을 만한 천혜의 지리적 요건을 갖추고 있었다. 공민왕은 청량산 축융봉 일대에 임시 궁궐을 짓고 군사를 훈련 시키며 반격의 기회를 엿보았다. 지금도 청량산 축융봉 일대에는 공민왕 관련 유적과 설화가 많이 전해진다. 대표적인 유적으로는 공민왕이 군사를 훈련 시킬 때 군율을 어기는 군사를 처형했다는 밀성대密城臺와 다섯 마리 말이 끄는 수레를 타고 순찰을 다녔다는 오마도五馬道가 남아있으며 당시에 개축한 것으로 추정할 수 있는 산성의 흔적이 지금도 완연하다.

김홍기가 편찬한 『청량지』에는 공민왕 때 쌓은 산성과 궁궐에 대하여 다음과 같이 기록하고 있다.

> 산성은 축융봉 동쪽에 있으니 석축의 둘레가 1,350척이고 중간에 7개의 우물과 2개의 계곡이 있어 수천 병마를 수용할 수 있다. 지세가 험하고 막혀서 한 사람이 병사를 가지면 백 사람을 감당할 수 있으며 궁궐터와 성곽의 흔적이 지금까지도 여전히 남아있다. 산마루 주위 40여 리에 주위를 닦아 복도複道를 만들어 다섯 마리의 나란히 달릴 수 있다. 그리하여 오마도五馬道라고 칭하였다. 세상에 전하기를 고려 공민왕이 지정至正 신축년(1361) 11월에 홍건적을 피해 복주[안동]에 임시로 머물 때 이곳에 성을 쌓았다고 한다. 가정嘉靖 을미년(1595)에 조정에서 경상도 관찰사에게 지형을 살피게 하고 수축하고자 하였으나 이루지 못했다고 한다.

청량산 산성이 1500년대 후반에 이미 황폐해진 모습은 권우權宇(1552~1590)가 1575년 10월 23일에 청량산 산성에 들렀을 때 적은 글에 나타나 있다. 권우는 1575년 10월 22일부터 11월 30일까지 청량산 일대를 유람한 뒤 <유청량산록遊淸凉山錄>을 지었다. 다음은 1575년 10월 23일의 기록이다.

> 잠시 시골집에 들어가 말에게 꼴을 먹이고 드디어 고개를 넘었다. 수풀과 시내가 나타났다가 사라지기를 몇 리쯤 하다가 산성동山城洞을 지났다. 이곳은 세상에 전하기를 옛날에 난리를 피하던 땅이라고 하였는데, 지금은 성궐城闕의 터만 남아있다. 아아! 앞 세대의 분열 때문에 간혹 난리를 피하여 이처럼 깊이 들어왔으니 백성들의 곤란함을 생각할 수 있다. 지금 남아있는 땅이 황폐한 풀밭으로 변했으나 백성들이 아직도 편안하지 못하니, 그들의 곤란함이 어찌 전쟁 때문뿐이었겠는가?

공민왕이 안동에 70여 일 머무는 동안 안동 주민들의 충성심이 대단하였다. 공민왕이 안동부 부근의 송야천松夜川, 지금의 안동시 서후면 솟밤다리에 이르러 강을 건너게 되었을 때 부녀자들이 자신들의 등을 다리 삼아 노국대장공주를 무사히 건너게 해 주었다는 놋다리밟기는 당시 주민들의 충성심을 엿볼 수 있다. 놋다리밟기는 지역의 독특한 민속놀이로 전해지고 있다. 공민왕은 개성으로 돌아간 뒤 안동대도호부로 승격하고 안동 출신 인사들을 중앙 정계로 불러들여 은혜에 보답하였다.

그러나 공민왕이 환도한 지 12년 만에 신하의 손에 죽임을 당하게 되자 안동 주민들은 공민왕의 원한을 풀어주기 위하여 공민왕 사당을 세우고 동신洞神으로 받들어 제사를 올렸다. 공민왕 사당은 현재 축융봉 산성 마을 안에 있다. 공민왕 사당을 지은 뒤에 이 일대에 공민왕 사당을 중심으로 하여 그의 부인과 딸, 사위와 어머니 등의 사당을 세워 축융봉이 공민왕 신앙의 중심지가 되었다. 현재까지 조사 결과에 따르면 공민왕 관련 신앙이 전승되고 있는 곳은 청량산 축융봉 산성 마을의 공민왕당恭愍王堂, 안동시 도산면 가송리의 공주당公主堂, 안동시 도산면 단천리에 있는 왕모산성王母山城의 왕모당王母堂

청량정사

등 청량산을 비롯한 주변 지역 17개 마을에 걸쳐 있다. 지금도 청량산 마을 주민들은 정월 보름과 칠월 백중에 동제를 올리며 공민왕을 동신으로 섬기고 있다. 공주당은 공민왕의 부인인 노국대장공주를 신으로 모시는 사당으로 가송리 일동 마을에 있는데, 딸당 또는 부인당이라고도 한다. 매년 정월 보름과 단오에 제사를 지낸다.

다음은 이황이 1550년에 청량산에서 나온 뒤에 황준량의 시에 차운하여 지은 〈청량산에서 나온 다음 날 황중거[황준량]가 답한 시에 차운하다[出山明日 次韻答黃仲擧]〉(『퇴계집』 외집 권1) 2수 중 제1수 〈입산入山〉이다. 시 뒷부분에 "요대는 눈을 말하고, 옥궐은 산성의 성곽과 궁궐 옛터를 가리킨다.[瑤臺言雪, 玉闕指山城城闕故址]라는 이황의 주가 달려 있다.

병든 몸이 산에 들어가길 꾀해도　病人聊作入山謀
남들에게 이유를 말하기 어렵네　難與傍人說所由
절경에 숨은 구름 몇 리나 서려 있나?　絶境隱雲盤幾里
높은 산이 하늘에 솟아 천년을 서 있네　高標擎漢立千秋
눈발이 순식간에 귀신처럼 황홀하고　瑤臺頃刻如神幻
산성이 까마득히 골짜기 배처럼 사라졌네　玉闕鴻洪荒類壑舟
조용히 푸른 창가에서 주역 이치를 살피리니　靜對碧牕看易理
몸이나 돌보지 무얼 다시 구하랴?　平章軀體更何求

병든 몸으로 청량산 산중에서 살고자 하여도 남들에게 그 이유를 말하기 어렵다. 그러나 청량산 절경에 자욱한 구름이 몇 리에 걸쳐 펼쳐지고 높은 봉우리가 하늘 높이 솟아 천년을 우뚝 서 있다. 이 아름다운 청량산에 눈발이 날려 순식간에 은세계의 황홀경으로 변하여 골짜기에 감춘 배를 힘센 자가 남들이 모르게 훔쳐 가듯 산성이 흔적도 없이 자취를 감추었다. 이러한 아름다운 산수를 벗하여 『주역』의 이치를 탐구하며 일신의 이익을 추구하지 않겠다는 다짐을 피력하였다.

다음은 이황이 1555년 11월에 청량산을 유람하다가 주희의 <운곡잡영雲谷雜詠>을 차운하여 지은 <청량산을 유람하며 일을 적다[遊山書事]>(『퇴계집』 권2) 12수 중에서 제5수 <농부를 위로하다[勞農]>이다.

산중의 농부가 산성에 머물며	山農住山城
좋은 땅에 경작을 늦추지 않았네	沃土耕非緩
어찌하여 이곳을 버리고 떠나서	如何捨此去
밭두둑에 가시나무가 가득한가?	町畽荊棘滿
돌아가려 해도 아전이 두려우니	欲反畏里胥
생계가 부족한 것도 상관 않네	非關生理短

산성 주변의 땅이 비옥하여 농부들이 농사짓기를 부지런히 하였다. 그러나 지금은 농부들이 비옥한 땅을 버리고 떠나서 밭에 가시나무 등이 가득하여 황폐한 땅이 되었다. 농민들이 왜 비옥한 땅을 버리고 떠나게 되었을까? 생계가 팍팍하여 산성의 비옥한 땅으로 돌아가려 하여도 갈 수 없다. 그 이유는 다름이 아니라 극심한 아전의 횡포 때문이다. 여기에서 아전의 횡포 때문에 비옥한 농토를 버리고 떠날 수밖에 없는 농민의 참상과 그에 대한 이황의 애민 의식을 엿볼 수 있다.

다음은 이유헌李裕憲(1870~1900)이 1887년 4월에 청량산 산성에 들렀을 때 지은 <산성에서 옛일을 회고하다[山城懷古]>이다.

당시 고려의 전쟁 기운이 걷혔으나	東土當年戰氣收
청량산 성곽만 공연히 남아있네	淸凉城堞獨空留
행궁의 유적에 봄풀이 무성하여	行宮遺跡餘春草
유람객이 탄식과 수심을 오래 일으키네	長使遊人起歎愁

고려 공민왕이 1361년에 홍건적의 침략을 피해 안동으로 몽진 와서 쌓은 청량산 산성은 고려가 망한 지 오랜 세월이 지났음에도 부질없이 여전히 남아 있다. 무너진 행궁에 봄풀이 무성하게 뒤덮인 모습을 보노라니 역사의 무상감에 탄식과 수심만 일어난다. 이유헌은 우해찬과 함께 청량산 일대를 유람하고 〈여우학부해찬유청량병서與禹學夫海纘遊淸凉幷序〉를 지었는데, 산성에 들렀을 때 "다시 산성을 바라보니, 오래된 돈대墩臺와 황폐한 성가퀴가 희미하게 시야에 들어왔다. 아아! 천승千乘의 임금으로서 병란을 피하여 한구석의 땅에서 조석의 안일을 도모하였으니, 옛날 일을 슬퍼하며 감회에 빠지지 않을 수 없었다."라고 하였다.

07

청량산 기행문의 현황과 의미

우리 조상들은 다양한 일들을 자세하게 기록하여 후대에 전한 전통이 있었다. 그래서 유네스코 세계기록유산에 『조선왕조실록朝鮮王朝實錄』, 『승정원일기承政院日記』, 『일성록日省錄』, 『훈민정음訓民正音』, 『직지심체요절直指心體要節』, 『난중일기亂中日記』, 『동의보감東醫寶鑑』, 『조선왕조의궤朝鮮王朝儀軌』, 한국의 유교책판 등 다수가 등재되어 있다. 이러한 기록 정신은 산수를 유람한 뒤 작성한 기행문에도 그대로 나타난다. 사대부들은 산수 유람을 학습의 한 과정으로 인식하여 심신을 수양하고 학문을 심화하고자 하였다. 동시에 호연지기를 기르고 역사와 민생을 살피는 한편 산수의 아름다움을 체득하여 문장력을 강화하는 방편으로 삼기도 하였다. 그리고 선대의 기행문은 후인들이 산수를 유람할 때 중요한 지침서가 되기도 하였다. 이황은 풍기 군수로 재직하던 1549년에 소백산을 유람하고 〈유소백산록遊小白山錄〉(『퇴계집』 권41)을 지었는데, 다음의 기사는 이를 뒷받침하는 자료라 할 수 있다.

> 내가 처음에 경유景遊 주세붕의 〈유청량산록〉을 백운동서원의 유사有司인 중문仲文 김익희金益熙에게 얻었는데, 석륜사石崙寺에 와 보니 이 〈유청량산록〉을 현판에 써서 벽에 걸어 놓았다. 나는 그의 시와 글의 웅장하고 빼어남을 좋아하여 가는 곳마다 글을 펼쳐서 읊조리니, 마치 홍안백발의 늙은이와 함께 서로 이야기하고 수창酬唱하는 것 같았으므로 흥이 나서 취미를 얻은 것이 진실로 많았다. 산을 유람하는 사람은 참으로 기록이 없을 수 없고, 기록이 있는 것은 산을 유람하는 데 참으로 도움이 된다.

산수를 유람하며 지은 기행문을 '유기遊記', '유산기遊山記', '유산록遊山錄', '유상록遊賞錄', '유람록遊覽錄' 등으로도 불렀는데, 산수 유람을 준비하거나 직접 산수를 유람할 때 중요한 지침서가 되었고 동시에 비록 해당 산수를 갈 수 없을 때 집에서 읽으며 즐기는 '와유臥遊'의 방편으로 사용하기도 하였다. 정민이 역대 문집에서 기행문을 선발하여 1996년에 『한국역대산수유기취편韓國歷代山

水遊記聚編』을 편찬한 이후에 기행문 연구가 활성화되었고, 이후 여러 기관이나 지자체에서 해당 지역의 기행문을 모아 역주 사업을 진행하기도 하였다. 청량산박물관에서 2006년에 『옛 선비들의 청량산 유람록 Ⅰ』, 2009년에 『옛 선비들의 청량산 유람록 Ⅱ』, 2012년에 『옛 선비들의 청량산 유람록 Ⅲ』을 간행한 바 있다. 그런데 이 책에는 본격적인 기행문뿐만 아니라 서발문序跋文이나 기문記文 형식의 글도 함께 실려 있다. 서발문과 기문을 제외한 기행문을 제시하면 다음과 같다.

1책에는 주세붕 · 권호문 · 권우 · 김득연 · 황서의 〈유청량산록遊淸凉山錄〉, 조수도의 〈신당일록新堂日錄〉, 신지제의 〈유청량산록〉, 배응경의 〈청량산유상록淸凉山遊賞錄〉, 김중청의 〈유청량산기병서遊淸凉山記幷序〉, 김영조의 〈유청량산록〉, 유진의 〈유청량산일기遊淸凉山日記〉, 오여벌 · 배유장의 〈유청량록〉 등 13편, 2책에는 허목 · 오두인의 〈청량산기淸凉山記〉, 권경의 〈유청량산록〉, 신후재 · 류희지의 〈유청량산기遊淸凉山記〉, 김시엽의 〈유청량산록〉, 권성구의 〈청량산유람록〉, 이익 · 강재항의 〈유청량산기〉, 이만부의 〈청량산기〉, 권이진의 〈유청량산기〉, 이유의 〈기청량산행記淸凉山行〉, 권정침 · 송환기의 〈청량산유람록淸凉山遊覽錄〉, 조운도의 〈유청량산기〉, 임필대 · 박충원의 〈유청량산록〉, 정범조의 〈청량산기〉, 김몽화의 〈유청량산서遊淸凉山序〉, 박종의 〈청량산유람록〉, 성대중의 〈청량산기淸凉山記〉, 남용섭의 〈청량산유록淸凉山遊錄〉, 신정주의 〈유청량산록〉, 이교년의 〈유청량산기〉 등 24편, 3책에는 김협의 〈유청량산기〉, 안덕문의 〈동유록東遊錄〉, 김익동 · 홍구 · 김도혁의 〈유청량산기〉, 이해덕의 〈청량기淸凉記〉, 김도명의 〈유청량산록〉, 배선원의 〈청량유록〉, 이만숙의 〈유청량산록〉, 류치유의 〈유청량산기〉, 이재영의 〈청량기행淸凉記行〉, 이제영의 〈유청량산록〉, 송병선의 〈자태백지청량산기自太白至淸凉山記〉, 이상룡 · 송인각의 〈유청량산록〉, 이유헌의 〈여우학부해찬유청량병서與禹學夫海纘遊淸凉幷序〉, 류흠목의 〈유청량산록〉, 최헌식 · 송주환의 〈유청량산기〉, 박경배의 〈청량산기淸凉山記〉, 강신혁의 〈유청량산록〉, 남붕의

〈청량기행淸凉記行〉, 박용규의 〈청량산유록〉, 홍사철의 〈유청량사기遊淸凉寺記〉, 김응환의 〈관청량산기觀淸凉山記〉 등 25편이 실려 있다.

앞에서 열거한 청량산 기행문의 제작 시기와 여정 등을 간략히 살펴보면 다음과 같다. 먼저 주세붕의 〈유청량산록遊淸凉山錄〉은 주세붕이 1544년 4월 9일부터 18일까지 청량산을 유람하고 지은 최초의 기행문으로 이후 청량산 기행문의 전범이 되었다. 특히 청량산 열두 봉우리의 이름을 불교식에서 유교식으로 바꾸어 청량산을 유교의 성지로 만드는 계기를 마련하였다. 주세붕은 1544년 4월 9일에 풍기를 출발하여 온계 · 분천 · 부포 · 단속을 거쳐 청량산의 연대사 · 진불암 · 치원대 · 청량사 · 안중사 · 극일암 · 치원암 · 총명수 · 몽상암 · 원효암 · 만월암 · 백운암 · 만월대 · 문수암 · 김생굴 · 연대사 · 용수사 등지를 유람한 뒤 4월 18일에 풍기로 돌아갔다. 참고로 이황의 〈주경유청량산록발周景遊淸凉山錄跋〉은 1552년에 주세붕의 〈유청량산록〉을 읽고 지은 발문이다. 1549년 봄에 풍기 군수로 부임하여 주세붕의 청량산 기행문을 읽고 감탄한 적이 있었는데, 1552년에 보완한 청량산 기행문을 읽었다고 하였다.

권호문의 〈유청량산록〉은 1570년 11월 5일부터 12월 10일까지 청량산을 유람하며 명승을 감상하고 감회를 기록한 글이다. 권호문의 산행은 단순히 유람에 목적이 있던 아니라 심성을 수양하고 도를 추구하는 과정이었다. 11월 5일에 후조당後凋堂과 설월당雪月堂을 방문한 뒤 퇴계 선생을 뵙고 길을 떠나 11월 10일에 청량산에 들어가 연대사 · 치원암 · 김생굴 · 보현암 · 몽상암 등지를 유람하였다.

권우의 〈유청량산록〉은 1575년 10월 22일부터 11월 30일까지 청량산을 유람한 기행문이다. 1575년 10월 22일에 집을 떠나 연대사 · 금탑봉 · 김생굴 · 원효암 · 백운암 · 보현암 등지를 유람하고 11월 30일에 귀가하였다. 김득연의 〈유청량산록〉은 1579년 8월 30일에 와룡을 출발하여 오천 · 분천 · 도산서원을 거쳐 청량산의 연대사 · 중대암 · 치원암 · 김생굴 · 문수암 · 만월암 · 연대사 등지를 유람한 뒤 9월 4일 예안으로 돌아오는 여정을 적은 기행문이다.

황서의 <유청량산록>은 1586년 9월 16일부터 21일까지 청량산을 유람한 기행문이다. 9월 18일에 연대사를 방문한 뒤 이후 중대암 · 보문암 · 치원암 · 김생암 · 진불암 · 백운암 · 만월암 · 연대사 등지를 유람한 뒤 귀가하였다. 조수도의 <신당일록新堂日錄>은 1592년 2월 3일부터 15일까지 청송에서 출발하여 청량산 일대를 유람한 뒤 지은 기행문이다. 2월 10일에 청량산 연대사를 방문한 뒤 중대암 · 총명수 · 안중암 · 김생굴 · 대승암 · 백운암 · 연대사 등을 유람하였다.

신지제의 <유청량산록>은 예안 현감으로 재직하던 1594년 9월 1일부터 5일까지 청량산 일대를 유람한 뒤 지은 기행문이다. 9월 3일에 온계 · 고산정 · 연대사 등지를 유람한 뒤 9월 4일에 치원암 · 안중암 · 극일암 등지를 방문하였다. 이황을 존경하는 마음을 여실하게 담아 "우리나라의 명산이 하나가 아니나 사람에게 존경심이 일어나게 하는 산은 청량산이니, 퇴계 선생이 그 아래에 사시면서 평소 왕래하며 유람한 곳이기 때문이다. 모든 바위와 골짜기에는 아직도 지팡이를 짚고 걸어 다닌 자취가 남아있고, 풀 한 포기 나무 한 그루도 시를 읊조리고 남은 빛이 아님이 없다. 열두 봉우리를 바라보면 우뚝하여 미칠 수 없는 점이 있고, 늠름하여 범할 수 없는 점이 있고, 충만하고 웅대하여 귀의할만한 점이 있고, 단아하고 씩씩하고 엄숙하고 굳세어 우러러 존경할만한 점이 있다. 청량산의 험준함은 나약한 자를 세우며 청량산의 청량함은 탐욕이 있는 자를 청렴하게 하니, 그렇다면 내가 청량산을 사랑함은 다만 산 하나를 사랑하는 데에서 그치는 것이 아니니다."라고 하였다.

배응경의 <청량산유상록淸凉山遊賞錄>은 1600년 5월 13일부터 20일까지 청량산 일대를 유람한 뒤 지은 기행문이다. 5월 17일부터 연대사 · 치원암 · 경일암 · 김생굴 · 만월암 · 연대사 등지를 유람한 뒤 5월 20일에 귀가하였다. 김중청의 <유청량산기병서遊淸凉山記幷序>는 1601년 11월 3일부터 12일까지 청량산 일대를 유람한 뒤 지은 기행문이다. 11월 3일에 스승 조목과 함께 도산서원 · 연대사 · 문수암 · 보현암 · 고산정 등지를 유람하였는데, 조목과 주고받은 대화를 자세하게 기록하였다.

김영조의 <유청량산록>은 1614년 9월 12일부터 18일까지 도산 일대와 청량산을 유람하고 지은 기행문이다. 9월 13일에 청량산에 들어가서 연대사 · 치원암 · 극일암 · 풍혈대 · 문수암 · 백운암 등지를 여행하였다. 유진의 <유청량산일기遊淸凉山日記>는 1614년 9월 12일부터 17일까지 청량산을 유람한 뒤 지은 기행문이다. 9월 13일부터 연대사 · 보문암 · 진불암 · 원효암 · 백운암 · 김생굴 · 연대사 등지를 유람하였다. 오여벌의 <유청량산록>은 1627년 9월에 온계를 출발하여 도산서원 · 보문암 · 연대사 · 치원암 · 김생굴 등지를 3일 동안 유람한 뒤 지은 기행문이다. 배유장의 <청량산유록>은 1647년 9월 17일부터 24일까지 청량산 일대를 유람하고 지은 기행문이다. 9월 17일에 영주에서 출발하여 온계 · 도산서원 등을 거쳐 19일 이후 연대사 · 총명수 · 김생굴 · 진불암 · 문수암 · 연대사 등지를 유람하였다.

오두인의 <청량산기淸凉山記>는 1651년 여름에 도산서원 · 애일당 · 연대사 · 총명수 · 경일봉 · 김생굴 · 백운암 등지를 유람하고 지은 기행문이다. 권경의 <유청량산록>은 1660년 4월에 연대사 · 치원암 · 김생굴 · 원효암 · 고산정 · 도산서원 일대를 유람하고 지은 기행문이다. 신후재의 <유청량산기>는 1673년 8월 29일부터 9월 4일까지 금소역 · 수곡촌 · 연대사 · 중대암 · 문수암 · 연적봉 · 연대사 등지를 유람하고 지은 기행문이다. 류희지의 <유청량산기>는 1683년 5월에 연대사 · 치원대 · 안중암 · 상청량암 · 김생굴 등을 유람하고 지은 기행문이다. 김시엽의 <유청량산록>은 1695년 3월 27일부터 4월 3일까지 옥녀봉 · 이화정 · 연대사 · 치원암 · 금탑봉 · 자란봉 · 고산정 등지를 유람하고 지은 기행문이다.

권성구의 <청량산유람록>은 1706년 3월 25일부터 4월 8일까지 오천 · 도산 · 연대사 · 치원암 · 김생굴 · 연대사 등지를 유람하고 지은 기행문이다. 이익의 <유청량산기>는 1709년 11월 1일부터 3일까지 순흥 · 봉화 · 연대사 · 보현암 · 총명수 · 고운암 · 도산 등지를 유람하고 지은 기행문이다. 강재항의 <청량산

기淸凉山記〉는 1712년 9월 15일부터 17일까지 연대사 · 치원암 · 축융봉 · 문수암 · 연대사 등지를 유람하고 지은 기행문이다. 이만부의 〈청량산기〉는 17세기 초반에 연대사 · 치원암 · 안중암 · 원효암 · 문수암 등지를 유람하고 지은 기행문이다. 이만부가 1715년부터 1720년 사이에 지리산 · 가야산 · 청량산 · 금강산 · 속리산 등 명산을 유람하고 산천의 형세와 풍속 등을 채록하여 〈지행록地行錄〉을 지은 것으로 볼 때 17세기 초반에 지은 것으로 보인다. 권이진의 〈유청량산기〉 1719년 8월 19일과 20일에 연대사 · 풍혈대 · 청량암 · 연대사 등지를 유람하고 지은 기행문이다. 이유의 〈기청량산행記淸凉山行〉은 1725년 2월 17일부터 19일까지 도산 · 온계 · 연대사 · 치원암 · 김생굴 · 연대사 · 고산정 등지를 유람하고 지은 기행문이다. 권정침의 〈청량산유람록〉은 1746년 9월 11일부터 13일까지 예안 · 송학정 · 연대사 · 극일암 · 금탑봉 · 연대사 · 온계 등지를 유람하고 지은 기행문이다. 참고로 강재항의 〈제권자강청량록후題權子剛淸凉錄後〉는 권정침의 〈청량산유람록〉을 보고 1750년 2월 상순에 지은 발문이다.

송환기의 〈청량산유람록〉은 1761년 3월 26일부터 28일까지 예안 · 연대사 · 치원암 · 김생굴 · 연적봉 · 지장암 등지를 유람하고 지은 기행문이다. 조운도의 〈유청량산기〉는 1761년 5월에 어풍대 · 치원암 · 김생굴 · 연적봉 · 축융봉 등지를 유람하고 지은 기행문이다. 임필대의 〈유청량산록〉은 1763년 9월 8일부터 18일까지 예안 · 연대사 · 보현암 · 자란봉 · 김생굴 · 치원암 · 연대사 · 도산서원 · 호계서원 · 묵계서원 · 청송 방호정 등지를 유람하고 지은 기행문이다. 박충원의 〈유청량산록〉은 1763년 가을에 예안 · 청계서원 · 연대사 · 김생굴 · 치원암 · 고산정 · 도산 · 역동서원 · 호계서원 · 용담사 등지를 유람하고 지은 기행문이다. 정범조의 〈청량산기淸凉山記〉는 1775년 4월 9일과 10일에 만월암 · 김생굴 · 총명수 · 외청량 등지를 유람하고 지은 기행문이다. 박종의 〈청량산유람록〉은 1780년 8월 1일부터 24일까지 어풍대 · 김생굴 · 연대사 · 태백산 사고 · 순흥 · 도산서원 · 분강서원 등지를 유람하고 지은 기행문이다. 성대중의

<청량산기淸凉山記>는 1784년 8월 15일과 16일에 청량사 · 지장암 등지를 유람하고 지은 기행문이다. 남용섭의 <청량산유록>은 1786년 여름에 봉화 닭실 · 연대사 · 김생굴 · 청량암 등지를 유람하고 지은 기행문이다. 신정주申鼎周(1764~1827)의 <유청량산록>은 18세기 후반 내지 19세기 초반 4월 30일부터 5월 2일까지 온혜 · 연적봉 · 만월암 · 청량암 · 고산정 등지를 유람하고 지은 기행문이다. '선조 오봉 신지제가 청량산에 올라 시를 읊은 지 200년 뒤에 찾아왔다.'라고 한 표현으로 볼 때 18세기 후반 내지 19세기 초반에 지은 것으로 보인다. 참고로 신지제는 1594년 9월에 청량산을 유람하였다. 이교년李喬年(1718~1788)의 <유청량산기>는 18세기 후반 7월 17일과 18일에 연대사 · 만월암 · 치원암 · 지장암 등지를 유람하고 지은 기행문이다. 김협의 <유청량산기遊淸凉山記>는 1759년 8월 9일부터 15일까지 고산정 · 연대사 · 만월암 · 치원암 등지를 유람하고 지은 기행문이다.

안덕문의 <동유록東遊錄>은 1801년 8월에 창녕에서 출발하여 역동서원 · 도산서원 · 연대사 · 김생굴 · 백운동서원 · 병산서원 · 영호루 · 임청각 등지를 유람하고 지은 기행문이다. 김익동의 <유청량산기>는 1805년 8월에 청량산을 유람한 뒤 지은 기행문이다. 홍구의 <유청량산기>는 1812년 가을에 예안향교 · 온계 · 연대사 · 김생굴 · 청량암 등지를 유람하고 지은 기행문이다. 김도혁의 <유청량산기>는 1820년 4월에 지장암 · 만월암 · 김생굴 · 연대사 등지를 유람하고 지은 기행문이다. 이해덕의 <청량기淸凉記>는 1821년 4월에 고산정 · 김생굴 · 문수암 · 도산서원 등지를 유람하고 지은 기행문이다. 김도명의 <유청량산록>은 1825년 3월에 지장암 · 금탑봉 · 선학봉 · 만월암 · 고산정 등지를 유람하고 지은 기행문이다. 배선원의 <청량유록淸凉遊錄>은 1833년 3월에 역동서원 · 애일당 · 문수암 · 김생굴 등지를 유람하고 지은 기행문이다. 이만숙의 <유청량산록>은 1832년 3월에 청량산을 유람하고 지은 기행문이다. 류치유의 <유청량산기>는 1847년 9월에 고산정 · 청량정사 · 연대사 · 김생굴 등지를 유람하고 지은 기행문이다.

청량산

김철수의 〈유청량산시서遊淸凉山詩序〉는 1856년 9월에 청량암 · 고운대 · 오산당 · 만월대 등지를 유람하고 지은 기행문이다. 이재영의 〈청량기행淸凉記行〉은 1864년 10월에 청량정사 · 어풍대 · 문수암 · 도상서원 등지를 유람하고 지은 기행문이다. 이제영의 〈유청량산록〉은 1866년 여름에 고산정 · 오산당 · 치원대 · 김생굴 · 연대암 등지를 유람하고 지은 기행문이다. 송병선의 〈자태백지청량산기自太白至淸凉山記〉는 1877년에 봉화 법전에서 출발하여 오산당 · 연대암 · 어풍대 · 김생굴 등지를 유람하고 지은 기행문이다. 이상룡의 〈유청량산록〉은 1882년 3월에 도산서원 · 고산정 · 연대사 · 치원대 · 김생굴 등지를 유람하고 지은 기행문이다. 송인각의 〈유청량산록〉은 1883년 3월 26일부터 4월 3일까지 고산정 · 오산당 · 김생굴 등지를 유람하고 지은 기행문이다.

이유헌李裕憲(1870~1900)의 〈여우학부해찬유청량병서與禹學夫海纘遊淸凉幷序〉는 1887년 4월에 학부 우해찬과 청량산 일대를 유람하고 지은 기행문이다. 예안 관아에서 출발하여 오산당에 들렀다가 예안 관아에서 출발하여 오산당 · 어풍대 · 치원대 · 금탑봉 · 김생굴 · 연대암 등지를 유람하였다. 류흠목柳欽睦(1843~1910)의 〈유청량산록〉은 19세기 후반이나 20세기 초 4월에 김생굴 · 오산당 · 연대사 · 도산서원 등지를 유람하고 지은 기행문이다. 금용하의 〈서청량기행시후書淸凉紀行詩後〉는 1893년 3월에 고산정 · 오산당 · 보현암 · 축융봉 등지를 유람하고 지은 기행문이다. 최헌식崔憲植(1846~1915)의 〈유청량산기〉는 19세기 후반이나 20세기 초반 봄에 도산서원 · 청량정사 · 연대암 등지를 유람하고 지은 기행문이다. 송주환의 〈유청량산기〉는 1922년 5월에 장인봉 · 연대사 · 김생굴 · 청량정사 등지를 유람하고 지은 기행문이다. 박경배의 〈청량산기淸凉山記〉는 1923년 봄에 오산당 · 연대사 · 축융봉 · 어풍대 등지를 유람하고 지은 기행문이다. 강신혁의 〈유청량산록〉은 1924년 3월 28일부터 4월 15일까지 고산정 · 청량정사 · 연대암 · 김생굴 등지를 유람하고 지은 기행문이다. 남붕의 〈청량기행淸凉記行〉은 8월 10일부터 9월 17일까지 도산서원 · 오산당 · 금탑봉 · 고산정 등지를 유람하고 지은 기행문이다. 박용규의 〈청량산유록淸凉山遊錄>은 1929년 9월에 연대암 · 청량정사 · 망월암 등지를 유람하고 지은 기행문이다. 홍사철의 <유청량사기遊淸凉寺記>는 20세기 전반에 청량사 터를 방문하여 감회를 적은 기행문이다. 김응환의 <관청량산기觀淸凉山記>는 1939년 8월에 오산당 · 연대암 · 어풍대 · 총명수 등지를 유람하고 지은 기행문이다.

위에서 살펴보았듯이 청량산 기행문은 주세붕이 1544년에 <유청량산록>을 지은 이후 20세기까지 계속하여 창작 · 향유되었다. 선행 연구에 따르면 우리나라 명산을 유람하고 지은 기행문의 경우 금강산이 가장 많고 지리산과 청량산이 다음을 차지한다고 한다. 청량산이 전국의 명산 중에서 기행문 3위를 차지하는 것은 청량산의 위치나 명승, 명성 등에 비해 매우 이례적인 현상이라 할 수 있다.

청량산이 수려한 경관을 자랑하고 불교 유적과 민간 신앙 및 설화 등 자연과 인문 문화유적이 많이 남아있다는 것으로만 이런 이례적인 현상을 설명할 수 없다. 15세기까지 크게 주목을 받지 못하던 청량산이 16세기 이후에 많은 유람객이 찾아와 수많을 시문을 짓게 된 이유는 무엇일까? 여기에는 주세붕 · 이현보 · 이황의 역할이 크게 작용하였다. 이들은 이곳을 찾아 많은 시문을 짓는 등 발자취가 오롯이 남아있었기 때문에 이후 사대부들의 발길이 끊이지 않았다. 특히 청량산은 이황의 후학들에게 성지로 인식되었다.

이황은 어릴 때부터 숙부 이우李堣와 형을 따라 청량산을 오가며 공부하였고, 청량산을 사랑하여 청량산인淸凉山人이라 호를 짓기도 하였다. 그리고 청량산은 오가산吾家山이라 일컬었기 때문에 후인들은 1832년에 이황이 공부하던 자리에 청량정사淸凉精舍를 지어 이황을 기렸다. 그래서 청량산 기행문을 남긴 여행자들의 절반 이상은 이황과 혈연과 학연, 지연으로 연결된 이들이었고, 학문적 배경이나 당파를 달리 하더라도 이황에 대한 존경심을 가지고 있던 사람들이 대부분을 차지하였다. 이 때문에 단순한 산수를 유람한다는 목적보다 선현의 발자취를 순례하고 공부를 하기 위해 청량산을 방문하였다.

청량산

청량산 여행의 여정은 금강산 유람의 노정에 비하여 단순하였으나 선인들의 여행 경로를 따라가는 경우가 많았다. 여행자들이 빈번하게 탐방한 장소들이 이황 또는 여행자의 스승이나 선조의 흔적을 간직하고 있는 곳이기 때문이다. 그래서 김택룡은 〈서청량산유록후書淸凉山遊錄後〉에서 유산은 단순한 산행의 차원이 아니라 성현들의 뜻을 생각하고 호연지기를 기르며 심신을 수양하는 의미가 있다고 강조하였다. 결과적으로 청량산은 조선 후기 사대부들의 의식 속에 성리학 또는 퇴계학의 성산으로 자리를 잡고 이것이 확대되는 경향을 보여 준다고 할 수 있다.

청량산

08

『청량지』와 『오가산지』의 편찬

『청량지』의 체제와 주요 내용

주세붕과 이황이 청량산을 찾은 이후 많은 문인이 이곳을 찾아 선현을 추모하거나 산천의 아름다움을 기리는 시문을 창작하였다. 여러 작가가 지은 시문은 이곳을 방문하는 사람들에게 도움을 주었으나 자료가 흩어져 있어서 이용에 어려움이 있었다. 이에 따라 청량산의 자연환경과 역사 유적, 시문에 대한 종합적인 책자의 필요성이 대두되었고, 그 결과물의 하나가 이세택李世澤이 1771년에 편찬한 『청량지清凉志』이다.

이세택은 1771년 초여름에 도산서원의 모임에 가서 함께 모인 사람들과 청량산을 유람하며 연대사에 묵을 때 승려에게 청량산의 고적과 관련한 부분을 물었으나 승려가 기억하는 내용이 불가佛家의 황당한 이야기가 대부분이고 기록으로 전해져 내려오는 내용이 거의 없다는 사실을 알게 되었다. 청량산이 무이산과 다름이 없는데도 선현들의 자취가 남아있는 청량산 관련 문헌을 살펴볼 수 없음을 탄식하여 동행한 이들과 산지를 편찬하자고 뜻을 모았다. 이에 청량산 관련 시문과 사적에 관련된 글을 두루 갖추되 『무이지武夷志』가 주희에 중점을 둔 것에 따라 『청량지』도 이황에 중점을 두어 편찬하였다. 『청량지』 편찬 원칙과 체제는 범례에 잘 드러난다.

범례를 요약하면 다음과 같다. 양항숙楊恒叔이 편찬한 『무이지』의 범례에 따라 분류하고 편차함, 봉우리의 이름은 주세붕이 새로 명명한 것을 따름, 사찰과 암자 중에서 예전에 있었으나 당시에 없던 것도 모두 수록하여 옛 사실을 보존함, 청량산 바깥에 있는 곳이라도 고산과 단사 등 관련이 깊은 곳은 모두 수록함, 시문은 기제조紀題條에 일괄적으로 수록하되 청량산의 바깥에 있는 곳과 관련된 작품은 지명 아래에 기록하여 산의 안팎을 구별함, 기제조의 작품들을 연대순으로 기록해야 하나 얻는 대로 수록하여 순서를 정리할 수 없었던 점을 등을 체제로 하여 『청량지』를 편찬하였다.

그러나 이세택이 편찬한 『청량지』는 불행하게도 50여 년이 지난 무렵이 일실되었다. 현재 남아있는 『청량지』는 이이순李頤淳이 1817년에 증보한 중수본重修本과 이만철李晩轍이 1872년에 원본을 옮겨 적은 필사본 2종류가 전해지고 있다. 이이순은 이세택의 편찬 체제를 따르되 산천 · 사암寺庵 · 고적 · 유적 등을 기록하는 방식은 『무이지』에 따라 바로잡음, 기제조의 여러 작품을 연대에 따라 편차함, 누락된 작품을 보충함, 한시와 산문을 별도로 구별하지 않음, 암대巖臺의 명칭과 고금의 사실을 보충하는 주석에서는 '안按'자를 썼으며 '안按'자 위에 동그라미를 그려 추가로 기록한 것임을 구별한다고 하여 수정하는 부분을 명확하게 밝혔다.

이만철이 1872년 겨울에 지은 서문에 따르면 1771년의 『청량지』는 이세택이 이급 · 홍석범洪錫範 및 낙포洛浦 · 용계龍溪 · 경산景山 등과 편찬하였는데, 이만철이 1862년 가을에 사찰에 들러 『청량지』를 살펴보니 서문과 발문이 없어지고 두주頭註의 표기가 지워졌으며 별록別錄도 일실된 상태였다고 한다. 『청량지』를 집으로 가져와서 10년 동안 보관하다가 1872년에 종손 이성양李聖養과 이유석李類錫이 광명실光明室과 오산당의 유사를 맡았을 때 3본을 필사하여 광명실 · 사찰 · 퇴계 본가에 보관하도록 하였다. 그리고 이 필사본을 저본으로 하여 청량산박물관에서 2012년에 국역본을 간행하였다.

『청량지』의 체제와 실린 시문의 순서는 다음과 같다. 권수에 이세택과 이만철李晩轍이 쓴 서문과 범례가 실려 있다. 본문은 산천山川 · 사암寺庵 · 산중고적山中古蹟 · 선현유적先賢遺跡 · 기제紀題의 순서로 편차되어 있다. 산천 · 사암 · 산중고적 · 선현유적에는 산과 봉우리, 대臺와 굴窟, 샘물과 폭포, 바위와 솔숲, 절과 암자, 최치원 · 김생 · 궁궐터 · 비석 · 무덤 · 종 등의 관련 유적, 이우 · 이해 · 주세붕 · 이황 · 금난수 등 관련 유적의 연혁 · 위치 · 경관을 기술하고 관련 시문을 적기도 하였다. 기제紀題는 청량산 관련 시문을 적었는데, 이우 · 이해 · 이황 · 주세붕 · 엄황 · 조목 · 황준량 · 구봉령 · 김부륜 · 정유일 · 김부필 · 금난수 · 이덕홍 · 권호문 · 김기 · 서익 · 양사기 · 곽준 · 김해 · 김영 · 김득연 · 김시양 · 김휴 · 금성휴 · 허목 · 홍여하 · 김시온 등이 지은 한시 · 발문 · 기문 · 기행문

등이 실려 있다. 청량산의 산천과 불교·유교 등의 문화유적을 정리하고, 청량산 관련 시문을 최대한 모아서 청량산을 일목요연하게 살필 수 있는 중요한 자료이다.

『오가산지』의 체제와 주요 내용

『오가산지吾家山誌』는 이황의 후손인 이만여李晩輿가 1901년에 2권 1책으로 편찬한 산지이다. 1832년에 고을의 선비들이 이황의 자취가 깃든 청량산에 청량정사를 건립하여 강학의 장소로 정한 뒤 이황이 <주경유청량산록발周景遊淸涼山錄跋>(『퇴계집』 권43)에서 안동부 청량산은 "진실로 우리 집 산이다.[實爲吾家山也]"라고 표현한 말에 근거하여 오산당이라 이름하였다. 계속 강학을 이어오다가 1896년에 오산당이 의병의 거점이 되자 일본인이 불이 질러 오산당을 태웠다. 5년 뒤인 1900년에 퇴계 종손과 고을 유림이 힘을 합해 오산당을 중건하자 이만여는 퇴계와 관련된 청량산 시문을 편집한 뒤 서명을 『오가산지』라고 하고 9개의 범례를 정하였다. 범례는 다음과 같다.

① 이황 선생의 청량산은 바로 주희 선생의 무이산이다. 삼가 『무이지』를 본받아 『오가산지』를 편찬하였다.
② 편명을 '청량'이라 하지 않고 '오가산'이라고 이름한 것은 선생이 <주경유청량산록발周景遊淸涼山錄跋>에서 "진실로 우리 집 산이다"라고 한 말에서 취하여 명명하였다.
③ 명종 병인년(1566)에 임금이 도산을 그림으로 그리도록 명했으며, 그 후 영조 계축년(1733)과 정조 임자년(1792)에도 그림을 그려 올리라는 명령을 내렸다. 도산을 묘사한 그림에서 청량산부터 운암까지가 구곡을 이루니, 삼가 이 그림에 따라 먼저 청량산과 관련된 여러 시를 수록하고 도산 관련 시들을 총

괄하였다. 그리고 청량산부터 도산까지, 도산부터 운암에 이르기까지 길을 가면서 지은 작품도 낱낱이 갖추어 수록해 한 구역의 산천을 통괄하였다.

④ 도산부터 성현을 넘어 박석촌에 이르기까지 길을 가면서 지은 모든 작품도 아울러 채록하였다.

⑤ 『무이지』에서 끝부분에 운곡雲谷 및 고정考亭 관련 시문을 함께 붙여놓았는데, 삼가 이 체제를 본받아 퇴계 및 온계동溫溪洞의 여러 시와 〈수곡기樹谷記〉도 모두 산지에 편입하였다.

⑥ 이 책은 청량산에 대한 산지이므로 퇴계 선생이 청량산과 관련해 지은 시를 남김없이 모두 수록했으며, 경로의 여러 구역과 관계된 시는 한두 편을 실어 그 지역을 기록하였다.

⑦ 『무이지』에서 산천지의 체재를 채용한 것을 삼가 본받아 봉峯 · 만巒 · 계溪 · 곡曲 · 암菴 · 대臺 등을 별도로 편집하고 관련 사실을 해석하여 읽는 이들이 편리하도록 하였다.

⑧ 신재 주세붕의 유산록과 미수 허목의 유산기를 책 속에 부록하여 참고자료로 갖추었다.

⑨ 오산당의 창건과 중건에 관련된 기록들을 끝부분에 붙여 이곳을 존중하고 지켜야 하는 뜻을 게시하였다.

『오가산지』의 체제와 실린 시문의 순서는 다음과 같다. 권1 권수에 범례 9항목이 있고, 이어서 주희의 〈운곡잡영雲谷雜詠〉에 차운한 〈유산서사遊山書事〉 12수, 청량산을 읊은 한시 55수, 청량산 남쪽 기슭부터 강을 따라 도산에 도착할 때까지 지나는 길에 여러 지역을 읊은 한시 34수, 청량산 서쪽에서 나와 강을 건너고 고개를 넘어 도산에 도착할 때까지 지나는 길에 여러 지역을 읊은 한시 12수와 〈수곡암기樹谷庵記〉 1편, 〈도산잡영陶山雜詠〉 칠언절구 18수와 오언절구 26수, 도산서원 주변을 읊은 한시 9수와 동짓달에 청량산에 들어가서 읊은 한시 1수, 주세붕의 〈유청량산록〉에 붙인 발문 1편 등 이황이

청량산

추락주의

지은 시문이 실려 있다. 끝부분에 주세붕이 지은 〈유청량산록〉이 첨부되어 있고, 청량산의 산천山川 · 사암寺庵 · 대臺 · 굴窟 등을 모아 풀이한 〈산천대암집해山川臺庵集解〉 제1~제4가 실려 있다.

권2에 허목의 〈청량산기淸凉山記〉, 이이순의 〈청량정사창건시명당헌기사淸凉精舍創建時名堂軒記事〉, 이구성의 〈청량정사창건시상량문淸凉精舍創建時上樑文〉, 김양진의 〈청량정사중건시상량문淸凉精舍重建時上樑文〉, 김도화의 〈오산당중건기吾山堂重建記〉가 실려 있고, 말미에 이만여의 〈오가산지후지吾家山誌後識〉, 유필영 · 이중균 · 금용하의 〈오가산지발吾家山誌跋〉이 실려 있다. 『오가산지』는 청량산 · 도산과 관련하여 이황이 지은 시문을 빠짐없이 수록한 산지로 청량산에 깃든 이황의 자취와 학덕을 보존하고 계승하려는 뜻에서 본서를 편찬하였다고 할 수 있다.

참고문헌

청량산박물관 엮음, 『옛 선비들의 청량산 유람록 Ⅰ~Ⅲ』, 청량산박물관 연구총서 1~3, 민속원, 2006~2012.

청량산박물관 엮어 옮김, 『국역 청량지』, 청량산박물관 연구총서 4, 청량산박물관, 2012.

청량산박물관 엮어 옮김, 『국역 오가산지』, 청량산박물관 연구총서 5, 청량산박물관, 2012.

이종묵, 「퇴계학파와 청량산」, 『정신문화연구』 제24권 제4호, 2001.

전병철, 「『청량지』를 통해 본 퇴계 이황과 청량산」, 『남명학연구』 제26집, 경상대학교 남명학연구소, 2008.

전병철, 「청량산 산지의 내용 구성과 특징」, 『국역 청량지』, 청량산박물관 연구총서 4, 청량산박물관, 2012.

안 동
문 화
100선

●❷❺

청량산

초판1쇄 발행 2023년 12월 15일

기 획 한국국학진흥원
글쓴이 김남기
사 진 류종승
펴낸이 홍종화

주간 조승연
편집 · 디자인 오경희 · 조정화 · 오성현 · 신나래
박선주 · 이효진 · 정성희
관리 박정대

펴낸곳 민속원
창업 홍기원
출판등록 제1990-000045호
주소 서울 마포구 토정로25길 41(대흥동 337-25)
전화 02) 804-3320, 805-3320, 806-3320(代)
팩스 02) 802-3346
이메일 minsok1@chollian.net, minsokwon@naver.com
홈페이지 www.minsokwon.com

ISBN 978-89-285-1914-9
S E T 978-89-285-1142-6 04380